台灣宣教基金會
Taiwan Mission Foundation
P.O.Box 605035
Bayside, New York 11360-5035 USA

福音天軍降寶島

台灣鄉村宣道傳奇

◎台灣長宣／短宣勇士們 著

Heavenly Messengers Descend upon Formosa

差傳、宣教必讀的實戰書！

本書所引用聖經經文取自《新標點和合本》

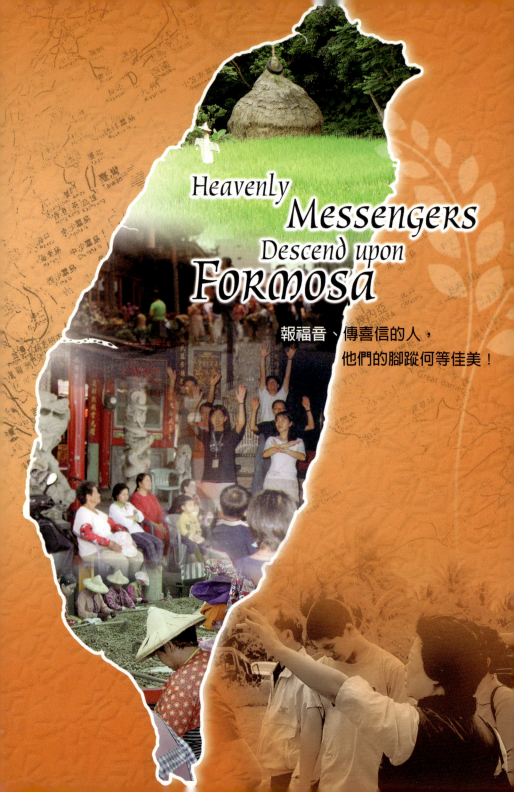

Contents 目錄

照片集錦
- 品格美語營 …… a
- 紐澳福音隊 …… i
- 專業講座 …… k
- 監獄傳道 …… o
- 宣教接力 …… r
- 歡呼收割 …… u
- 台灣鄉村宣道訓練資料 …… w

【序1】美國固然很近，台灣還是不遠／鄭新教 …… I
【序2】星星之火，可以燎原／劉富理 …… V
【序3】禾場的呼喚／莊澤豐 …… VIII

第一章 台灣宣道的需要
1. 逐流或逆流／陳文逸 …… 3
2. 靠主有信，得勝有餘／陳士廷 …… 13
3. 美麗孤島的宣教／楊宜宜 …… 17

第二章 品格美語營
1. 小兵立大功／莊澤豐 …… 29
2. 考驗中領受恩典／友尼基 …… 33

3 在我裡面的比外面的更大／友尼基……37
　　4 都市囝仔歹剃頭／友尼基……45
　　5 2007年夏季台灣短宣日記摘錄／張玉明……51

第三章　南半球來的愛
　　1 越戰越勇／李昭輝……65
　　2 神不撇棄／阿香……71
　　3 五星級的短宣隊／王雁鳴……75
　　4 a.無畏挑戰／紐西蘭短宣隊……77
　　　 b.主愛無涯／澳洲短宣隊……85
　　5 我的靈命改變了！／Daniel Zhang……93

第四章　專業講座
　　1 回饋故土的另一種方式／友尼基……105
　　2 健康講座在廟宇／友尼基……111
　　3 不入虎穴焉得虎子／友尼基……117
　　4 誰是我的弟兄？／友尼基……121

第五章　監獄傳道
　　1 照亮坐在黑暗中的人／莊澤豐……133
　　2 壓傷的蘆葦，將殘的燈火／鄭武宏……137
　　3 來自監獄的呼喚／黃曾東……139

4 耶和華是我的光╱黃清源 ……141

第六章　宣教接力
　　1 接下來呢？╱林朝瑩 ……145
　　2 落在荊棘裡的種子╱友尼基 ……151
　　3 宣教接力第三棒╱潘達男、王秋月 ……159

第七章　歡呼收割
　　1 愛屋及烏╱友尼基 ……169
　　2 五妹阿婆╱友尼基 ……173
　　3 Rachel╱友尼基 ……175
　　4 悲情阿嬤的故事╱楊定修 ……177
　　5 追捕生命的彩虹╱張友明、王吟月 ……181

第八章　勇士的考驗
　　1 因禍得福╱徐銘宏 ……191
　　2 一個負擔，一個呼召，一個異象
　　　　　　　　　　　╱李宗武 ……195
　　3 廟裡傳福音的經歷╱董香蘭 ……197
　　4 我在台灣遇見神╱邱佳和 ……201
　　5 緊緊抓住神，去愛那些孩子╱曾昭陽 ……205
　　6 在最陰暗的角落看見神的光輝！╱王倩倩 ……209

【附錄1】鄉村小故事／友尼基 ……215

【附錄2】台灣宣道之展望與省思／莊澤豐 ……229

【附錄3】台灣鄉村宣道訓練資料 ……237

    1 如何籌備短宣／莊澤豐 ……238

    2 基要真理／莊澤豐 ……244

    3 簡易個人佈道操作／孫純菊 ……246

    4 如何藉探訪做福音事工／陳敏欽 ……251

    5 探訪與關懷的要訣／鄭新教 ……255

    6 品格美語營教材／友尼基

        a. 愛恩台福基督教會
           2005年暑期台灣短宣 ……261

        b. 愛恩台福基督教會
           2002年暑期台灣短宣 ……273

    7 短宣注意事項及生活守則／郭嘉信 ……280

    8 台灣宣教基金會緣起／楊宜宜 ……283

    9 愛恩台福基督教會歷年短宣地點分佈概況
                      ／莊澤豐 ……288

品格美語營

1. Banana Angel（外黃內白）福音天軍。
2. 2005夏天，全體隊員（嘉南台福）。
3. 福音隊成為學校招生的賣點。

福音天軍降寶島

1. 集訓後,禱告待發。
2. 一站接一站。
3. 隨地而安。
4. 請讓個位置好嗎?
5. 雖不是聖地,但請脫鞋!
6. Mami & Me團隊(中立者為母女老師)

1. 南投中寮，偶像廟前讚美主！
2. 「創造」圖片學英文。
3. 講故事傳福音！
4. You are special！
5. 老師們表演"king of hearts"。
6. 宇宙創造在粉筆下。

福音天軍降寶島

福音天軍降寶島

f

1. 三個大學生、二個小朋友……一籌莫展!
2. 鐵皮屋裡讚美主!
3. 我剪‧你糊來拚圖!
4. 你的"glasses",我的"braces"!
5. Easter Egg Hunting。
6. 耶穌愛我!

福音天軍降寶島

1. 彼此相像,互不相讓!
2. 老師,我好愛妳喔!
3. 張牧師送美國50州quarter給呂秀春傳道。

紐澳福音隊

1. 紐西蘭隊在苗栗大西。
2. 寫上罪名。
3. 毛利舞。

4. 依依不捨。
5. 留下伊媚兒（E-mail）。
6. 澳洲B隊在嘉義東石。
7. 澳洲A隊在宜蘭壯圍。

福音天軍降寶島

專業講座

1. 健康講座放送車。
2. 土地公廟前──健康講座。
3. 彰化芬園──反毒宣傳晚會。

福音天軍降寶島

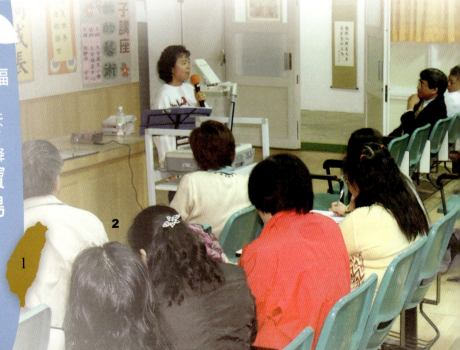

1. 胸花製作──手中綠枝葉，淑女胸前花。
2. 親子講座──教養孩童，認識真神。
3. 花蓮慈濟大學──科學講座。
4. 國小──不言不語木偶戲。
5. 泰國外勞夜市──忽隱忽現變魔術。

1. 台北火車站──與印尼外勞歡度聖誕。
2. 莊澤豐牧師──警察局佈道。
3. 還有成千上萬的同學等著。

福音天軍降寶島

監獄傳道

1. 愛恩詩班受差遣 Hi-Ne-Ni。
2. 一部遊覽Bus，全台監獄走透透！
3. 一曲〈奇異恩典〉，淚流滿面。

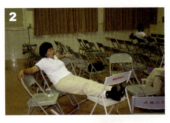

福音天軍降寶島

1. 一劇〈浪子回頭〉，父心願償。
2. 勞累奔波共相處（東倒）。
3. 養精蓄銳奔前程（西歪）。
4. 軍事監獄，圍坐主旁。
5. 前我失喪，今得釋放。
6. 舊事不再，義人指望。

宣教接力

福音天軍降寶島

1. 吃漢堡,學英文!
2. 勞作——起厝、起教會。
3. English「英國歷史」。
4. A faith of giant leaf。
5. 你要拜哪一尊?咱都有!
6. 趁少年灌活水,永遠不渴!

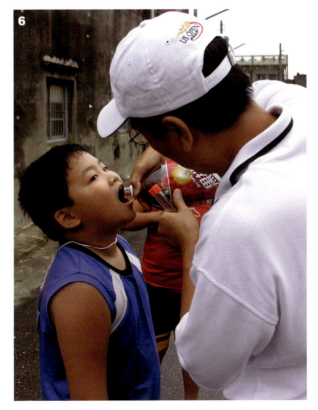

1. 有人拜娘媽,有人講耶穌!
2. 手剝土豆有夠緊,耳康慢慢聽道理。

福音天軍降寶島

歡呼收割

1. 點頭Yes，搖頭No（宜蘭大學&UCLA）。
2. 東安台福教會福音隊。
3. 無奈世態涼，盼妳將心敞（五妹阿婆）。

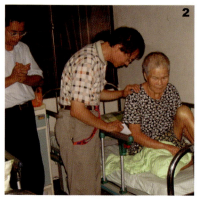

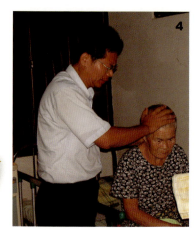

1. 月女阿嬤三年不更衣。
2. 東安台福教會林文政長老。
3. 黃敏郎牧師為換下衣服後的月女阿嬤禱告。
4. 楊定修牧師為月女阿嬤施洗。

台灣鄉村宣道
訓練資料

1. 城鄉走禱，
   祝福宣告。
2. 苗栗造橋，
   菜園禱告。

福音天軍降寶島

1. 海中牡蠣誰來養，盼妳迎接救主光（嘉義東石）。
2. 紫藤花下，耶和華祝福滿滿（台南七股）。
3. 廟前佈道，神明也聽到（嘉義蒜頭）。
4. 家庭訪問，百姓感激掛布條（南投中寮）。
5. 天使天軍報佳音（嘉義蒜頭）。

1.ㄚ婆聽見喜盈盈（象山老人中心）。
2.縣長鄉長共頌主臨。

福音天軍降寶島

【序1】

美國固然很近，
台灣還是不遠

台灣貴格會海山教會牧師／鄭新教

「美國很近，花蓮很遠。」這是花蓮門諾醫院前院長薄柔纜醫師（Roland P. Brown），在台灣醫療宣教四十年退休前夕，所講的一句宣教喟嘆。

聽了這句話令我十分震撼又慚愧，且萬分感佩前仆後繼、熱愛台灣的宣教士們。震撼、慚愧和感佩中，看到近年來美國台福教會，每年寒暑假一批接著一批差派福音隊，回到台灣鄉村宣教，實在雀躍不已。

二十二年前，美國台福教會的劉富理牧師回台灣主領特會，我很榮幸有機會開車接送他，到中南部探訪一些家庭；劉牧師每到一個家庭，都抓緊機會傳福音。陪劉牧師短短兩天中，帶給我最大的祝福，就是學效他的福音熱忱，以及傳遞「搶救百萬靈魂」的異象。

劉牧師在我心目中，是位百分之百的福音精兵──不但發

I

起「搶救百萬靈魂」運動,且身先士卒,為實踐搶救百萬靈魂而活。因著回應「搶救百萬靈魂」的呼聲,所以,美國台福教會風起雲湧地差派同工回台開拓教會,從都市到鄉村、從北到南,到處建立主的教會。

八年前,莊澤豐牧師又發起返台短宣福音運動,呼召青少年回台灣舉辦美語營、品格營;呼召有福音使命的弟兄姊妹組成詩班,回台灣到各監獄、看守所、公司行號、工廠、教會獻詩見證;呼召學有專精的學者、專家、醫師,回台灣舉辦專題講座、醫療傳道。

宣教團隊成員從高中、大學生到研究所博、碩士班青年,以及退休可含飴弄孫的年長兄姊;又從上班社青、家庭主婦到學有專精的學者、醫師、工程師,而且**每一宣教士無論是學生或成人,都得自籌旅費和在台期間的膳宿費。**

最令我感動的是,為了福音傳回故鄉,學生放下暑期的遊樂,成人放下工作請假回台⋯⋯人人排除萬難,捨己擺上。看到美國台福教會如此熱愛台灣故鄉,費財費力回來傳福音給家鄉的同胞百姓,真令我感動莫名。

三十年前,莊澤豐牧師在台北縣警察局服務時,曾來板橋我所服事的教會聚會,他很有福音使命感,帶了很多警察人員歸主;尤其他當霹靂隊長時,更是警界的福音使

者。後來有感於福音使命的召喚,他毅然提前退休,赴美入台福神學院深造,立志終身服事主。八年來,莊牧師、師母及兩個女兒,每年不間斷地陪伴短宣隊返台傳福音,可謂「一人獻身,全家服事」,如此佳美腳蹤,更激勵許多青年、弟兄、姊妹群起學效,為所信的福音齊心努力,踏上返台宣教之路。

八年來,台福的台灣鄉村短宣,腳蹤馨香,見證滿滿,也果實纍纍,集成名為《福音天軍降寶島──台灣鄉村宣道傳奇》一書,是最基層、最前線、最踏實的第一手台灣短宣見證集。我先讀為快,彌足珍貴,相信他們已經翻轉了薄柔纜醫師的喟嘆,不再是「美國很近,花蓮很遠」,而是「**美國固然很近,台灣還是不遠**」。

從宣教學的角度來看,基督徒只有3%的台灣,的確是福音的未得之地;但以百多年來歷代信徒不斷耕耘撒種的歷史傳承,台灣卻又是福音的沃土;再從本地的福音團隊興起在各地佈道設立教會、從美國台福興起年年組隊回台宣教來看,台灣已經進入莊稼成熟的福音豐收期。

再從戰略學來看,前有宣教士們海陸搶登灘頭堡,一步步供應裝備,建立前哨站、培訓地面部隊、構築進攻基地;再有本地福音團隊一軍軍的建立,從鄉村包圍都市、從都市補給鄉村;如今,又有台福的福音精兵一批批凌空而降,福音的陸海

空三軍分進合擊,台灣福音全面勝利、全面收割的時刻指日可待。

期盼藉著這本書,喚起更多台灣的弟兄姊妹齊心傳福音,激發台灣更多教會團體,組隊到鄉村廟埕、國中、小學……辦福音營,搶救百萬靈魂歸向主。

福音天軍降寶島

【序2】
星星之火，可以燎原

正道福音神學院長／劉富理

1986年8月，第三屆「世界華人福音會議」假台灣中原大學召開，我由北美回去參加會議。那時我看到的兩件事，令我心中久久難以平靜。第一件事，是所謂的「大家樂」，說穿了，就是賭博。許多人在發財夢的驅使下，置工作、家庭於不顧，投入大量金錢、精力，指望一夜中大獎。第二件事，就是「飆車」。當時的年輕人為了尋求刺激，佔用公路飆車，造成不少人傷殘甚至當場死亡，讓為人父母者萬分擔心，社會更是輿論嘩然。

就在那時刻，聖靈感動我想到：福音傳入台灣已有143年（註：1865年，福音由蘇格蘭長老會宣教師馬雅各〔Dr. James Maxwell〕自高雄傳入），信主的人卻只有2.7%（也就是50～60萬人）。聯想到：**兩千萬靈魂正在飆向永遠的死亡，基督徒若不關心，還有誰呢**？那時，我心中發出一個從未想過的禱告：「主若許可，讓我在有生之年看到百萬同胞歸主！」

當我把這異象帶回「台福基督教會總會」分享時，聖靈大大做工，同工們同心領受了「為主圖謀大事，搶救百萬靈魂」

的異象,並且確立了植堂宣教策略。我們在當年設定了"9025"的目標,就是期待在1990年,有25個福音據點。感謝信實的主,1990年4月1日,第25間分堂在澳洲雪梨設立了!

1996年,我們又定下了"2050"的植堂目標,期待在2000年能建立50個福音據點。在聖靈的引領、弟兄姊妹的同心合意努力下,1996年我們開始回台灣故鄉傳福音。每年暑假都有幾十名年輕人回到台灣,用英語教學的方式傳福音得人。1997年我們正式在台北設立「台福教會」。感謝主,2000年12月,第50間台福教會在台灣新莊建立。

在2005年,台福基督教會總會因著搶救台灣百萬靈魂的負擔,又同心釐定了"2015-100／10,000"的植堂目標。就是期待在2015年有100個福音據點或者10,000名信徒,求主賜福達到這個目標。

自2001年起,愛恩台福教會在莊澤豐牧師夫婦和林華山醫生夫婦的負擔推動下,更加積極地開展對台灣宣教工作。感謝主,八年來,許多教會響應呼召,一批又一批對宣教有負擔的福音工人飛回台灣展開宣教事工。

他們以各種不同的方式,接觸不同的人群,例如:那些有專業知識的人直接進入社區,開展醫療講座服務;愛

恩教會詩班進入監獄，他們的音樂佈道感動了許多人信主；也有人進入中、小學，用英文教學傳揚福音；又有人進入大學，在通識生命教育課程中擔任客座講員。因著他們肯「去」，肯「傳」，影響許多年輕人信主。他們在台灣的各個階層配搭，在多元文化的各族群之中擴展福音工作，包括鄉福、基福、工福、客福以及台福教會。

感謝主，這股植堂以及台灣宣教熱浪又推展到美國東部教會，正道福音神學院（原台福神學院）校友楊宜宜傳道發起了台灣宣教基金會（Taiwan Mission Foundation），積極參與和推動向台灣未得之民宣教的事工。

感謝主的恩典，本書記載了他們的見證和點燃宣教火花的心路歷程，巴不得這些文章能點燃更多人心中對骨肉之親歸主的宣教火種。是的，「星星之火，可以燎原」，願台灣百萬父老鄉親早日歸主，讓主的名大得榮耀！

【序3】

禾場的呼喚

愛恩台福基督教會牧師／莊澤豐

你知道台灣中南部鄉村，每千人只有三人認識救主耶穌嗎？曾創造經濟奇蹟的寶島，自1999年的921大地震後，不但震鬆了台灣地殼（每逢豪雨必發生土石流），也震鬆了台灣福音的硬土。「硬土」，是指人心不安，經濟出走；社會籠罩在迷茫、貪婪、假神真拜的捆綁中。「鬆土」，則是指我們的鄉土迫切需要福音，人們的心靈開始渴望得自由。

感謝神的恩典，**台福教會從1996年起**，就有英文短宣隊每年返台傳福音。愛恩教會蒙主帶領，自2001年開始返台短宣，迄今八年，已先後從基隆到恆春半島舉辦九十多梯隊的**短宣活動**（每福音站一週，以台福、鄉福、基福、工福、客家福音等開拓性鄉村教會為目標）；林華山醫師夫婦更主動出擊，在海外百餘間華人教會做台宣異象分享及事工訓練，很高興看見其中四十多間華人教會已能自行組隊返台短宣，期望所有華人基督徒都一起來傳福音。

近年來台灣將英文列為半官方語言，各機構、學校無不竭力發展英文教學（教育部宣佈小學三年級開始學習英文）。神奇妙帶領，藉海外青年活潑、有效的教學法，許多中、小學願意將校門大開，甚至將全校學生交給我們。未來的十年，正是神賜給海外基督徒返台傳福音千載難逢的良機。藉著短宣，神更激勵了多少青年基督徒傳福音的使命，也改變了他們的生命。

神也感動我們要幫助、成全凡有心宣教之成人兄姊，藉舉辦「專題講座」，如：保健、家庭、婚姻、親子、理財、插花、科學、手藝班，或福音茶會、成人英文會話班等，讓社區居民與教會自然接觸。並以「個人談道、逐家探訪、心靈協談、城鄉走禱、街頭佈道、發福音單張、詩班音樂見證」等方式傳福音。傳道書說：「早晨要撒你的種，晚上也不要歇你的手，因為你不知道哪一樣發旺；或是早撒的，或是晚撒的，或是兩樣都好。」（傳道書十一章6節）

主對保羅說：「我差你到他們那裡去，要叫他們的眼睛得開，從黑暗中歸向光明，從撒但權下歸向神。」（使徒行傳二十六章18節）面對偶像充斥、心靈閉塞的寶島，讓我們一起來宣揚神的福音，同心向「為神圖謀大事、搶救百萬靈魂」的異象邁進。

在此，也特別要感謝愛恩教會長執會及劉瑞義、張玉明兩

位前主任牧師及兄姊們的熱忱奉獻、代禱與支持，也感謝曾與我們一起流汗，攜手短宣的眾教會台宣勇士們，及提供我們學習服事禾場的台灣鄉村教會，願神祝福祂自己的事工，也願一切榮耀歸於主。

福音天軍降寶島

第一章

台灣宣道的需要

燒王船、迎佛牙、祭祖先、拜媽祖⋯⋯
民間宗教仍是台灣文化的主要成份。
看風水、改命運、避邪、禁忌⋯⋯
求助於靈界法術,
帶給人更多的壓制、恐懼與痛苦。

小孩子失去歡笑;
青年人不再有憧憬;
中年人迷失;
老年人無奈。

除了福音,還有什麼能夠改變這一切?

1 逐流或逆流？

■ 台灣鄉村福音佈道團　陳文逸牧師

基督徒佔總人口的比例通常都是一個指標，用來衡量一個地區福音化的情形。第187期的《鄉福簡訊》提到一個尚未查證的說法：「台灣的基督徒比伊拉克還少！」不久，林華山醫生馬上傳來資料，證實這件事。在90年代初期，伊拉克和台灣人口相差不多，基督徒就有3.3%❶，這個數字一定比台灣多！**目前台灣可能是華人群聚的族群中，基督徒比例最低的地區。**

在看台灣宣教歷史及教會增長資料時，經常被「基督徒人口佔比趕不上台灣人口成長」這一句話所刺痛。從某一方面看，這是事實；若單以基督徒數目而言，不論多少，一直有增加。但基督徒佔總人口的比例，則沒有明顯上揚。我們的解釋是：人口成長的速度稀釋了基督徒的比例。

1949年中國大陸失守，國民政府遷台，兩百萬軍民湧進台灣。1950至1970年的二十年間，是台灣人口增長最快的時期，人口的年增長率不會低於3.2％，遠遠多於近十年來的年平均成長率0.89％。而那一段也是台灣教會增長最耀眼的時期。當時社會劇烈變動，人心在風雨中飄搖，在極需找到安慰及意義下，容易信主。再加上許多宣教士被趕出，輾轉來到台灣，工人數量的增加，福音工作也更大幅度的展開。

1948年基督徒有51,000人，到1960年則有22萬人。當時基督徒就佔有人口比例的2.5％（《民國基督教史論文集》，查時傑著，宇宙光出版，1994）。這一段時期，可說是現實的苦難造就了教會增長，背後是許多的眼淚與流離失所。這樣的變動不是人可以複製，教會的增長不能寄望於國家社會劇烈變動帶來的苦難。但我們必須在苦難來臨時，用永恆不變的福音來醫治安慰人心。

而台灣基督長老會也於1954年發起「倍加運動」，盼望到了1964年，設教百週年時，不論信徒及教會數都達到倍增，那是一個成功的福音運動。在此之前，長老會的信徒人數是59,471人，教會數為233間。但倍加運動開始後的十年間，信徒人數增加到102,943人，教會數增加到466間。按

照這種進展，1964年時，基督徒應不會低於2.5％。

按照教會界的統計，2001年底基督徒佔總人口的比例是2.72％（參附表）。比較正確的數字應在2.5～2.6％之間[2]。如果這個數據較接近事實，那麼四十年來教會的成長都一直在與2.5％拔河。甚至照教會界的統計，1990年代只有2.07％。

不過，激勵人心的是，**從2000年福音運動開始以來，基督徒的平均年成長率都達到3％多** [3]。特別這兩年來，每年增加二萬多的基督徒。

目前總人口的成長速度呈緩慢下降，十年來人口平均成長率降到0.89％，最近兩年更降到0.5％多。如果人口的年成長率維持在0.6％的低水平，而基督徒的數目繼續以一年3％成長，則三十年後台灣基督徒與總人口的比例至少有5.4％。如果基督徒成長率可以達到及維持每年5％增長，則三十年後基督徒與總人口比可望達到10％。當然，推測是容易的，數字也不難堆砌，但如果我們務實地回顧過去四十年，台灣教會所走過的足跡，除非聖靈大大動工，要達到10％的基督徒比例，實在是困難重重。什麼樣的結構性因素，讓台灣教會過去幾十年的增長，步履蹣跚，偶爾還掉到泥沼中呢？

查時傑教授在《民國基督教史論文集》中，探討教會增長停滯的原因：局勢漸漸安定，不斷追求經濟發展，人心被物質

所擄掠；鄉村產業結構逐漸變化，鄉下教會信徒為了生計離開鄉村，而都市教會缺乏牧養基層人士的經驗，因此部分流失；教會主要以中產階級為吸收對象。80年代因留學、政治、經濟因素移民者眾，其中又以中產階級為主。信徒佔人口比例不見增加常是被自然生育的人口所抵消。

史文森牧師（Swanson, AJ）在《補網──探討80年代台灣教會增長與信徒流失探討》（台灣教會增長促進會出版，1986）一書中提到，80年代台灣社會快速變動，人口向都市遷移，1985年3月有50.2%的民眾是住在二十個城市中；一般家庭規模變小，1983年每個家庭平均有2.2個小孩；個人自主性增強，結婚減少，離婚增加；特別他又提到移民：「1985年第一季的移民人數有7,122，整年的推算會有28,500人。這數字若累積十年就會達到總人口的1.5%，每66個人中就有一個移民。而基督徒因教育程度較高，在1984年的遷離的基督徒有7,200人，佔總移民人口的25.3%。過去五年中有10%牧師移到國外。」移民有時代的背景因素，教會也不能期待停止移民，以幫助基督徒比例的增長。

黃伯和牧師在《重構宣教策略，再掀福傳風潮──總會研發工作四年有感》一文中提到：「根據統計，台灣教

會的總體年增長率為3％強,而台灣基督長老教會的年增長率則只達0.2％弱。從我們的研究調查資料中發現,長老教會在都會區的教會,人數在百人以上者,其平均年增長率也是3％強,正好是全台教會年增長率的平均數。可見,長老教會教勢增長的緩慢,撇開整體宣教對策之良莠有待釐清,主要是歷史與社會變遷的結果,比較不在於牧長、信徒的能力或宣教方法的優劣。」

幾十年來,影響福音工作的因素很多,教會需要調整的地方也不少。教會要改變體質,教會要有更多活力,教會要更積極向基層人士傳福音。而整個社會變遷的速度與深度,都會持續擴大,這不是個人、甚至一個政權所能抵擋的。人的自主性會越來越強的;經濟是不斷要追求成長的,物質的需求會繼續佔據人心,直到人筋疲力盡;人也會繼續窮一生之功尋找更舒適安穩、更能自我實現的環境。

在台灣這塊民間信仰土質的土地上,雖然我們對目前的情況不滿意,但過去教會面對社會變遷的挑戰是艱鉅的,有許多屬靈的前輩,不斷地奉獻,過捨己的生活,才維持教會目前的光景。但還是要誠實地說,許多神的兒女大致上還是在大環境的變遷中,順勢前進。為了工作,為了更好生活品質,為了子女教育,搬遷到都市。對一個認真活在當下的人,為這些努力

似乎是再自然不過了。然而,基督徒豈不是常要有喜樂?若為了違背人性的理想,常在內心爭戰,而失去平安喜樂,豈是福音所要帶給我們的!

當我們不滿意目前台灣基督徒比例僅是這樣時,當我們會渴望每年有5%的成長,甚至更多時,有沒有一個立足點,即使是小小的面積,當我們從那裡站立,就可以繼續推動,以致逐漸成就一幅美麗的遠景?有沒有更多的基督徒,願意在大環境的變遷中,逆勢前進,以福音的需要來考慮自己的進退?或者當有一天不需要再掛慮子女的教育時,可以把生命真實地奉獻在神的手中?國際學園傳道會創辦人白立德博士(Bill Bright)還沒有真正開始學生事工時,他在思索美國教會的疲軟無力和神的全能。**問題到底出在哪裡呢?**他認為是基督徒的「不順服」(見《非凡信心》,雅歌出版,2003,73頁)。

這也是給我們的提醒(包括我自己)。

註釋:

1. 資料來源:Operation World, 5th ed., OM Publishing, 1993; The World Almanac and Book of Facts 1996, Funk & Wangnalls.
2. 按照基督教資料中心出版《2001年台灣教會資料統計和研究》的資料。2001年的研究中,收集到有51個教派另加上225間獨立教會共有3,142間,共有基督徒總數516,992位。因此每間教會平均有164.5位會

友（516,992÷3,142＝164.5）。然而2001年底台灣共有總數3,710間教會。若每間教會平均164.5位會友，則台灣於2001年底的基督徒總數約有610,444位（3,710×164.54＝610,444），基督徒的比例就是2.72%。但除了有教派背景及訪察得到的獨立教會，顯然還有568（3,710－3,142＝568）間為數不少的且沒有辦法詳細訪談的教會。而這568間可能如《2001年台灣基督教會教勢報告說明》中，提到訪談時有空號，或非為教會所用，或像鄉福、基福之類的弱小鄉村教會，不太可能每間教會平均也達到164.5位。若這568間教會，樂觀估計以3,142間教會的平均會友數（164）的一半（82）來計算，應會更接近教會真實情況。因此2001年基督徒總數應是563,568位（568×82＋516,992＝563,568），基督徒佔人口總數的比例就是2.52%（563,568÷22,405,568＝0.0252）。

3. 基督徒的年成長率是當年增加的數目與當年總基督徒數目的比例，不是和總人口的比例。

（編按：作者陳文逸牧師是台灣鄉村福音佈道團總幹事。「鄉福」曾接待過許多北美、紐西蘭、澳州等台福短宣隊，在彰化田尾、彰化芬園、嘉義蒜頭、嘉義灣內、嘉義東石、台南七股、高雄鳥松及屏東滿州等工作區的服事。本文取材自2003年8月《鄉福簡訊》188期。）

〈附表〉　　1990〜2001年台灣人口總數

年度	台灣總人口	當年增加人口	人口年增長率%	基督徒總人[數]
1990	20,401,305	229,949	1.21%	422,357
1991	20,605,831	215,648	1%	443,750
1992	20,802,622	211,116	0.96%	472,894
1993	20,995,416	24,712	0.93%	501,662
1994	21,177,874	209,072	0.87%	477,438
1995	21,357,431	210,469	0.85%	493,577
1996	21,525,433	203,056	0.79%	499,387
1997	21,742,815	205,002	1.01%	537,774
1998	21,928,591	148,270	0.85%	556,445
1999	22,092,387	157,548	0.75%	570,027
2000	22,276,672	179,354	0.83%	590,222
2001	22,405,568	132,707	0.58%	610,444
平均	21,442,662	177,241.9	0.89%	

福音天軍降寶島

與基督徒成長對照表

基督徒主日聚會數	當年基督徒增加數目	基督徒年成長率	基督徒與人口數比	基督徒主日聚會數與人口數比
201,543	-4,418	-1.05%	2.07%	0.99%
213,583	21,393	4.82%	2.15%	1.04%
222,519	29,144	6.16%	2.27%	1.07%
235,651	28,768	5.73%	2.39%	1.12%
225,595	-24,224	-5.07%	2.25%	1.07%
232,725	16,139	3.27%	2.31%	1.09%
237,051	5,810	1.16%	2.32%	1.10%
248,122	38,387	7.14%	2.47%	1.14%
257,976	18,671	3.36%	2.54%	1.18%
265,555	13,582	2.38%	2.58%	1.20%
283,645	20,195	3.42%	2.65%	1.27%
302,291	20,222	3.31%	2.72%	1.35%
		3.24%		

（資料參考來源：內政部http：//www.moi.gov.tw/W3/stat/home.asp；
基督教資料中心http://database.ccea.org.tw/statics/2001/2001trend.htm）

2 靠主有信，得勝有餘

■ 台灣基層福音差傳會　陳士廷牧師

台灣媒體傳播對本土百姓及海外僑民確實影響甚鉅，相信生活在這塊土地上的人都已經深深領教了。特別是，在海外傳遞台灣基層福音事工時，從會眾所提出的問題中就可看出端倪，而能回答的就是，鼓勵他們從聖經中去尋找答案。我們相信神的話語所產生的力量，必然是超過媒體，是人所無法想像的。使徒保羅說：「然而，靠著愛我們的主，在這一切的事上已經得勝有餘了。」（羅馬書八章37節）基福已在這美麗寶島上耕耘二十五年，我們要傳承下去。我們願學習詩人如此禱告說：「我的神啊，我素來倚靠祢；求祢不要叫我羞愧，不要叫我的仇敵向我誇勝。」（詩篇二十五篇2節）

一、力量源頭——祂的話能得勝

2005年又將過一半了,面對台灣基層鄉村福音事工,深感還是虧欠主的名,惡者的攻擊總是不斷臨到。前些日子到苗栗縣造橋鄉大西教會,李傳道說:「屋主向仲介託售房子。」我們一位好同工於五月底也正式離職,轉換服事工場到都市。聽到同工們在關懷信徒中也常遇到許多無解的困惑問題,就以主的話告知:「神是真實的,人都是虛謊的。」(參考羅馬書三章4節上)與同工交通之間,彼此以神的話語互相勉勵:「壓傷的蘆葦,祂不折斷;將殘的燈火,祂不吹滅;等祂施行公理,叫公理得勝。」(馬太福音十二章20節)「那得勝又遵守我命令到底的,我要賜給他權柄制伏列國。」(啟示錄二章26節)

感謝神,使我們藉著主耶穌基督得勝,祂要賜我們在寶座上與主同坐,也必承受這些為業。相信在台灣基層鄉村所做的工,最終必讓:「主的道大大興旺,而且得勝。」(使徒行傳十九章20節)

二、成長過程——主陪伴才能走

「神怎樣以聖靈和能力膏拿撒勒人耶穌,這都是你們知道的。祂周流四方,行善事,醫好凡被魔鬼壓制的

人,因為神與祂同在。」(使徒行傳十章38節)基福在鄉村的福音事工,不也是與當年耶穌所做的相似嗎?所以呼籲各位弟兄姊妹們,藉著我們主耶穌基督,又藉著聖靈的愛一同竭力祈求神。讓我們所行的,都是為福音的緣故,為要與人同得這福音的好處。

埋在基層鄉村第一線的牧者們,讓我們坦然無懼。既然蒙召,行事為人就當與蒙召的恩相稱。基福眾牧者們同有一個異象:「向未得之地,未得之民,傳福音,領人歸主,建立福音據點。」同工們都站立得穩,為所信的福音齊心努力。

更要鼓勵信徒們,起來接受裝備成為門徒,不要以為我們的主作見證為恥。信徒們常說:「牧師,傳福音為什麼這麼難?他們總是拒絕!」或是說:「感謝主!我終於與鄰居說話了。」相信主說:「我將這些事告訴你們,是要叫你們在我裡面有平安。在世上,你們有苦難;但你們可以放心,我已經勝了世界。」(約翰福音十六章33節)

三、終極目標──懇求聖靈充滿

基福承接主的託付,在台灣這塊土地上,向97%的未信主的百姓傳福音。因為福音要傳到基層鄉村的百姓中,不獨在乎言語,也在乎權能和聖靈,並充足的信心,同工們委身在鄉村

中,在服事中接受各樣的挑戰。需要天天讓聖靈充滿,好有智慧,有聰明,有知識,去做各樣的工。大有信心,放膽講論神的道。

當教會漸漸成長,從信徒中間選出有好名聲,被聖靈充滿,智慧充足的人,主就派他們來管理神家中的事。每位信徒都成為門徒,滿心喜樂,又被聖靈充滿。但願使人有盼望的神,因信將諸般的喜樂平安,充滿在基福每一個拓荒區,藉著聖靈的能力,大有盼望,福音遍傳在基層鄉村中。

「聖靈向眾教會所說的話,凡有耳的,就應當聽!得勝的,我必將神樂園中生命樹的果子賜給他吃。」(啟示錄二章7節)「感謝神,使我們藉著我們的主耶穌基督得勝。」(哥林多前書十五章57節)「因為凡從神生的,就勝過世界;使我們勝了世界的,就是我們的信心。」(約翰一書五章4節)牢記這些神的話語,讓海內外眾教會暨信徒們,同來關心、支持、參與神在台灣基層福音的異象使命。

(編按:作者陳士廷牧師是台灣基層福音差傳會祕書長。「基福」曾接待過許多從北美、紐西蘭、澳洲來的短宣隊。所到的工作站計有宜蘭壯圍、新竹寶山、苗栗造橋、苗栗大西、苗栗頭屋、台中大安、台中日南等。本文取材自2005年6月《基福》雙月刊。)

3 美麗孤島的宣教

■ 台灣宣教基金會　楊宜宜傳道

2006夏天我參加了台灣短宣隊。63位隊員,分隊到十個台灣鄉鎮,每隊每週一站。宣教對象以資源較少的鄉下小學生及國中生為主,用教美語當福音的媒介。

　　說到宣教,我女兒去過哈薩克、女婿去中國大陸,為什麼我要去台灣呢?自從90年代以來,我多次看到回教國家印尼、馬來西亞,甚至非常激進的伊拉克,都有4％的基督徒;中國大陸鐵幕打開至今二、三十年,基督徒也達到10％;反觀自己比較自由的故鄉台灣,數十年來基督徒比例一直停頓在2～3％之間,我就感到深深的愧疚與重擔。感謝神,今年我終於親眼看到台灣眾多孩子被耶穌的愛得著。令人欣慰的是,當地的教會都能繼續跟進,使果子長存。另一件令我感恩的是,如果不是參與台灣宣教,許多台灣美麗的小鎮,我

這輩子恐怕沒機會去。

眾所周知，台灣是一個孤立於中國大陸東南方的美麗海島。雖然旁邊還有澎湖、蘭嶼、金門、馬祖等小島，它基本上還是一個孤島，島民2,300萬。我說它美麗，是早在1517年，有一艘葡萄牙軍艦從台灣海峽開過，艦上一個葡萄牙人遠遠看到台灣之美，就寫了一首葡萄牙語的詩 *"Ilha Formosa"* （"Formosa"是美麗，"Ilha"是島），詩句說：

「往那沒有冬天之島南行，

那兒見不到雪的蹤影。

島上春意已濃，家鄉猶在冷冬。

這島花兒處處拋媚眼，這地七彩來妝點。

願您能夠住那兒，使您生活更美好！」

是不是很美？

曾幾何時，"Formosa"這葡萄牙文的「美麗」一辭，竟然成為台灣的同義詞。我還很驚訝地發現，世界地圖上，台灣海峽並不叫"Taiwan Strait"，而稱"Formosa Strait"。我們行經宜蘭、花蓮、台東，隊員多次為東台灣美麗的天然海岸線、藍天碧海、青山綠水而高呼！每走到一

個海灣、一片深谷，大夥就禁不住大叫：「喔，好美喔！」、「哇，好漂亮喔！」

有個星期，我們這一隊在宜蘭壯圍鄉馬不停蹄日夜宣教。好不容易得到一個星期四下午的空檔，宜蘭壯圍教會劉雅貞牧師，帶我們去蘇澳浸冷泉。台灣7、8月又濕又熱是有名的！我們全身浸泡在硫磺味的冷泉中，還能同時欣賞橫在眼前的幾座綠山，感覺實在很奇妙！浸完冷泉，劉牧師又帶我們去吃海鮮。在整天熱汗淋漓、時刻與蚊蟲共舞的7月天，這實在是神賞賜一個極其溫馨難忘的禮物。總之，台灣確是一個美麗之島。

但我為什麼又稱它為「孤島」呢？因為政治文化上，它四百年來先後被葡萄牙、西班牙、荷蘭、日本殖民過，近十幾年又為統獨問題爭論不休；邦交國又少，的確很孤單。有本講台灣的書，書名還叫《亞細亞的孤兒》。

宗教方面呢？台灣多數百姓迷信怪力亂神的民間宗教。每月初一、十五都要拜拜。拜得最厲害的月份是農曆七月（俗稱鬼月），拜得最厲害的日子是7月15日的「普渡」，因為都是祭拜眾鬼，說穿了就是鬼節。傳說地官在這天會把地獄中的諸路眾鬼都放出來，於是人們趕緊用雞、豬、水果等祭物去祭拜十方孤魂。什麼叫「十方孤魂」呢？就是有些人死於兇殺、自殺、爆炸、車禍、溺水等，就變成了厲鬼。這些孤魂野鬼若飢餓，

就會害人。人們懼怕,就供奉美食討好鬼魂,盼望它們快快吃飽回陰間去。全島廟宇林立,一到7月就香火鼎盛,煙霧迷漫。

在大甲鎮的宣教工場,我們刻意去參觀爭議性頗高的鎮瀾宮。除了一大堆立在廟中的大小鬼神之外,地下室還存放一個一噸重純金雕刻的媽祖偶像。除了在廟中拜,許多人還在家中拜,公司也帶著員工拜。悶熱的7月天,民眾在自家門前或辦公大樓下的騎樓就燒起紙錢,火勢烘烘,相當危險,也相當可怕!您說,台灣的天空和人們的心靈,是不是被邪靈深深籠罩、被惡者重重捆綁了呢?

我們再看,台灣百姓對金錢的態度又如何?美國某英文報紙,曾笑稱台灣這個中華民國R.O.C.(Republic of China)是"Republic of Casino",說台灣像個「賭博共和國」,許多島民嗜賭如命,無所不賭。他們賭彩券,賭哪個數字會中獎,並稱那神祕數字叫「明牌」,說是神明指示的。選舉時,賭誰會當選;球賽時,賭哪隊會贏。聖經說:「沒有異象,民就放肆。」(箴言二十九章18節)台灣迫切需要異象及福音,需要耶穌聖潔拯救靈魂的信仰。

讓我們看一下提多書一章1至16節,本書中所說的一個島嶼很像台灣,叫做革哩底,現代用語及新譯聖經都叫克

里特（Crete）。克里特島位在歐洲南方地中海、愛琴海的正南方，可以說是「地中海的海中地」。它也是希臘第一大島。希臘以島多聞名於世，其美麗更不用說，許多遊客還特地搭遊輪去觀賞。提多書第一章，觸及宣教事工的幾個層面。我將用台灣宣教來加以說明：

一、領受主命去宣教

聖經學者研究說，保羅在殉道前，帶著如同兒子的助手提多去克里特島宣教。我們通常只知道保羅有個屬靈的兒子提摩太，卻不太知道他還有另一個屬靈兒子叫提多。保羅在提多書一章4節稱他為「真兒子」。提摩太的性情、身體都比較軟弱；提多比較精幹，具有堅強的心志和不屈不撓的性格。

宣教是激烈的屬靈爭戰，要將被魔鬼奪去的心靈奪回。既是戰爭，就要師出有名。保羅在提多書第一段就開門見山地說，他是耶穌基督的使徒，並說這傳福音的責任是救主命令交託他的。既確定了呼召，他就毫不遲疑地接受主的差派，帶著提多往克里特島去宣教，去建立教會。保羅因為要先離開，就把提多這位年輕幹練的領袖留在島上，不久還寫來「提多書」這封信，交代他處裡尚未完成的事工，又教導他如何訓練會友、建立制度。

像提多一樣,當我年初接到台灣短宣總領隊張玉明牧師的邀請,聽他說一星期的美語教學、決志信主的孩子有75%,就一口答應他說:「我會去!」我們都很熟悉大使命的經節,耶穌說:「……你們要去,使萬民作我的門徒……」(參考馬太福音二十八章19節)還有宣教大業的金科玉律:「但聖靈降臨在你們身上,你們就必得著能力,並要在耶路撒冷、猶太全地,和撒馬利亞,直到地極,作我的見證。」(使徒行傳一章8節)**宣教使命的確是主耶穌親自託付的**。但參與宣教事工,我們會接到別人的邀請。**誰願意去對萬民作見證呢?這宣教使命可託付誰呢?**最近不少華人教會紛紛貼上「人人宣教,人人見證」的標語。這是華人的時代。您願意接受主的託付嗎?

台灣宣教最後一站,我在西北山區的新竹縣竹東客家山村。我本人也有四分之一的客家血統。受到我們宣教熱忱的感染,竹東教會的曾政忠牧師告訴我,他們教會已經組織一個「大使命團契」,在我們離開後,將繼續舉辦營會。前面曾提到台灣的基督徒不到3%,而**客家基督徒則是0.3%,是基督徒最少的族群**!宣教熱情的確有感染力!

北加州「基督之家第六家」來了五個人,包括香港移民黎廣傳牧師和他女兒。他們到另一個新竹縣峨嵋鄉的客

家山庄,看到神的大能,一樣得著許多客家子弟。他們深受感動,也更有負擔,決定第二年招募更多人馬,自己教會組成一隊,再去峨嵋。親愛的弟兄姊妹,宣教的熱情感染了您嗎?來自台灣的弟兄姊妹若想回饋故鄉,盼您邀更多人一起去,好嗎?

二、服事建^{團隊}制度

宣教事工固然期待每個基督徒都能獨立作戰,為主得人。但要做大規模、高效率的宣教,卻要動員,使用組織戰。在組織動員過程中,往往人多嘴雜,莫衷一是。一個組織必須建立制度,才能運作。主耶穌吩咐門徒在地上建立教會,以整體力量分工合作,為祂作見證。祂先以身作則,呼召一批批門徒,訓練、組隊,分派他們出去傳福音。今天教會的團契、小組或宣教團隊,便是根據這種模式成立的。保羅當初可能來不及建立制度,所以交代提多去「各城」設立長老監督。提多誠然肩負了重責大任!有完善的制度,才能有效管理會友、教導真理、建立秩序,並從事宣教。

台灣宣教的事工也一樣,需要總部從事招募、訓練、尋找宣教地點、分隊,設立隊長、副隊長,並選定一位剛強、幹練、靈性美好的總領隊,帶這些訓練有素的團隊出去。2006年我們向1,070個孩童傳福音,真的得到了756個可愛的果子,這數字絕

不是孤軍奮戰的基督徒所能達到的。組織戰的成效是不是驚人呢？

三、屬靈美德作見證

葡萄牙人為台灣寫了一首詩，稱頌台灣的美麗。希臘詩人埃庇米尼得斯（Epimenides）也為美麗的克里特島寫了一首詩，第一句卻說：「克里特人是討厭的說謊者。」在提多書一章12節，保羅加以引申說：「**克里特人常說謊話，乃是惡獸，又饞又懶。**」指島民是說謊家、大騙子，是一群暴飲暴食、好吃懶做之徒。很不幸啊！那首希臘詩竟然不是在稱讚克里特島的美麗，而是形容島民醜惡的劣根性。這鼎鼎有名的克里特精神還包括狡猾、虛偽、自私、詐財等。他們惡劣到一個地步，希臘文字竟以他們的島名造了一個動詞，叫作"Cretizein"，若是英文就會叫"Cretize"，意思是「說謊和欺詐」。孔子說：「德不孤，必有鄰。」有道德的人不孤單。但克里特人本性缺德，必然孤單，形同孤島。難怪保羅會牽腸掛肚地叮嚀提多，叫他謹慎甄選長老和監督。教會領袖的條件必須具備屬靈美德，能作會友的模範，分辨邪說、駁斥歪理、還能糾正會友的種種惡行，包括貪圖不義之財。

台灣有位知名作家於梨華女士，寫了一本有關日軍侵華的小說《夢回青河》（皇冠出版，1976）。其中對不義之財做了不少描述。她稱不義之財為「邪財」，邪惡之財，因為人會為它謀財害命。**保羅一再強調基督徒領袖的美德，屬靈美德也是宣教最好的見證**。所以宣教訓練，一定要包括美德訓練。這次台灣宣教，我深深感到團隊服事尤其需要強調服從紀律、互相體恤，以及客客氣氣的態度。屬靈美德不但成為孩童的好榜樣，也給宣教區留下好印象，確保以後還受歡迎。

　　「台灣宣教」事工要能不斷擴展，必須在異象、使命、制度、美德上都受到相當程度的肯定。許多第二代年輕基督徒都不顧蚊蟲暑熱，日夜辛勞，為主得人。不少家長除了幫忙教學，預備膳食清理，還做探訪、代禱、座談等工作。美好的配搭，令人感動。願主繼續堅定我們手裡所做的工。請大家迫切為台灣代禱，盼望有一天這個島嶼能成為一個敬拜真神的上帝國，有神同在，不再孤單。願它蒙神賜福，有朝一日不只在地理上、也在心靈品德上全然成為美麗之島。

（編按：作者楊宜宜傳道，曾參加南加州愛恩教會2006年夏季、冬季及2007年夏季台灣短宣。受到聖靈的感動，於2007年在紐約成立「台灣宣教基金會」（Taiwan Mission Foundation），大力推動及鼓勵北美的教會組成福音隊回台宣道。本文係摘錄自2006年楊宜宜傳道在紐約長島豐盛生命教會的證道。）

第二章

品格美語營

八、九十年代,
台灣小留學生空降北美,
蔚為風潮。

千禧年伊始,
這些「舉箸食漢堡」,
挾台、美兩種文化優勢於一身的特殊族群,
竟成為品格美語營最具說服力的宣教大將⋯⋯

短宣行蹤

- 新竹縣寶山鄉、竹東鎮
- 苗栗縣造橋鄉大西村
- 台中縣大甲鎮、大安鄉、豐原市
- 彰化縣北斗鎮
- 嘉義縣太保市
- 台南市、台南縣新化鎮
- 屏東縣高樹鄉、滿州鄉
- 台東縣和台東市

1 小兵立大功

■ 愛恩台福基督教會　莊澤豐牧師

成為福音使者

每當想起高中畢業前夕，同班同學邀請我去他家午飯，飯後流著淚誠懇地向我傳講耶穌的那一幕，心中不禁讚嘆神的奇妙，就因著那幾滴眼淚，改變了我的一生。這位同學後來當了牧師，但他萬萬沒想到，經過二十五年後，那位坐在他面前聽耶穌的人，也成了傳道人。

「為主圖謀大事，搶救百萬靈魂」是正道福音神學院（前台福神學院）院長劉富理牧師多年前從主領受的異象，目前台灣基督徒人口的比例僅2.74%（其中華語族群6%、台語族群0.89%、客語族群0.34%；而所有縣市中，雲林縣只有0.3%、嘉義縣0.4%），為了拯救骨肉之親的靈魂，台福「青年英語短宣隊」自1996年開始返台以英文教學傳福音，愛恩教會也於2001年暑

期首度組隊返台宣教。團員林華山是經過兩次心臟開刀的「壞心人」；董香蘭也甫於前一年因乳癌第三次開刀。誠如聖經所說：「神卻揀選了世上愚拙的，叫有智慧的羞愧；又揀選了世上軟弱的，叫那強壯的羞愧。」(哥林多前書一章27節)

每天黃昏時，看見香蘭及姊妹們又高舉雙手，滿口歡呼地返回北斗教會：「感謝神！我今天與幾位市場賣菜的人談福音，都接受主！」林華山醫師的「醫療講座」，神讓我們進入各鄉村活動中心及廟宇內舉辦，在偶像林立的廟堂內與村民同唱〈耶和華祝福滿滿〉，並傳講「人的脆弱和神的大能」，你能說這不奇妙嗎？

最讓我感動的是，神用了一群小兵來立下大功。2001年夏天，愛恩教會的6位青年、7位成人，三週內在彰化北斗、彰化田尾、台南市、嘉義太保各辦一週「雙語福音營」，帶領250位學生、成人決志信主，並有7位受洗；2002年夏天，神又開了一扇更寬大的門，有17位青年、12位成人報名回台短宣，經過集訓後，每週分成三隊，同時在三個鄉鎮舉辦雙語福音營，總共在八個鄉鎮有949位國小至高中的學生報名參加，帶領其中718位決志信主，看見聖靈的奇妙賜福。

改變風水

在香火鼎盛的台中縣大甲海邊，大安國中因風水不對而改建校門，誰能料到，改建後卻讓一輛寫著「耶穌是最好朋友」的福音車，載著北美台福教會短宣隊緩緩駛入，寫下歷史的一頁。最近校方更來信詢問：「你們能派宣教士來教老師們英文嗎？」真是「神所開的門，沒有人能關。」（參考啟示錄三章8節）

短宣任務猶如作戰，每次集訓時，團員都儆醒禱告、全心敬拜，因我們知道爭戰的對象是天空屬靈氣的惡魔，需要倚靠神的大能，方能得勝。當踏入這個戰場時，發現只能前進，無法退後。

在台南新化，陳炳中老師知道明天排定要呼召學生接受耶穌，便拿著學生名單徹夜跪地禱告；在南投中寮災區的侯香璿老師，兩腿被跳蚤咬了數百個小泡也是繼續教學；大人們除了做個人談道、傳福音之外，有的負責洗衣服，有的燒飯，也有教成人英文、教壓花班的，真可謂「全方位的作戰」。

最讓人始料所未及的是，當2002年夏天踏入台灣時才知道：八個宣教點，竟有七處是直接在校園舉辦，且是由學校代為招生，並預備營養午餐。尤其台南新化國小有350位學生報名，分成十班，學校不但開放教室、禮堂供我們使用，更安排

50個慕道家庭，接待我們這些老師輪流住宿，實在是超過所求所想！我們的神是帶領我們爭戰的神，祂要我們「進入迦南，得地為業」。

來經歷神

宣教是一個充滿挑戰的事工，事前我們不知有哪些戰友會加入，要往何處？面對何人？如何去做？**但經過同心禱告仰望神，主就賜給我們祂所選召的戰士，讓我們明白宣教地區及事工策略。**我願誠懇地勸勉各位，求神讓你在一生中，至少有一次短宣的機會。誠如姵潔姊妹的感言：「宣教不是去為神做什麼，乃是去看神所做的。」

台灣近年來提倡英文教學，這十年，正是神在歷史中為美籍華人安排以英文傳福音、搶救靈魂的最好契機。機會可能稍縱即逝，「趁著白日，我們必須做那差我來者的工；黑夜將到，就沒有人能做工了。」（約翰福音九章4節）看見每位短宣隊員疲憊地在課堂上教課、帶唱，聲音都沙啞了，問他們明年還要再來嗎？每個都瞪大雙眼說：「要再來！太興奮了！太感動了！」有什麼比發現你竟然也能影響人、幫助人、帶人認識永生的神更興奮的呢？

2 考驗中領受恩典

■ 愛恩台福基督教會　友尼基

記2001年夏季短宣：
彰化北斗、嘉義太保及台南市

五餅二魚

　　彰化縣北斗（音「寶斗」）鎮北斗貴格教會是我們第一次舉行營會的地方。教會才成立一年，沒有全職牧師，全賴朱先生夫婦擺麵攤賣「鴨肉麵」來維持。來呷麵的人若面有愁色，就是他們傳福音的對象，很多這樣的愁客，就是隔週教會的新朋友。一碗麵50元，這碗「福音麵」豈不是五餅二魚的台灣版？

　　營會第一天來了將近一百個小朋友，隊員們雖然有備而來，還是手忙腳亂。整個聚會場地不過是15尺×40尺的三層樓房，營會是上午九點到下午五點，中午有兩個小時午睡，看來小朋友只能席地而眠，為此得人人脫鞋。你能想像那台灣七月

天的正午，門外一百多雙鞋子的場面──夠壯觀了吧！

　　晨更後，第一件事先做的就是收拾被套，搬出室外，因為昨晚睡覺的臥室就是今天的教室。如逢下雨，就得趕緊收衣服（晾在外面），再把行李搬進來。我們學會了天天為天氣禱告！

　　天未破曉，欲暗還明之際，陳媽媽和香蘭姊已結束晨更，出發採購去了。陌生地「一腳步一禱告」求主帶路到大買家，感謝主！總是滿載而歸。是的！凡事要禱告，包括買菜！

寶貝信主

　　一百個小朋友當中，總有幾個頑皮搗蛋的「寶貝」。李小朋友塊頭大、講話粗，能吃、愛打架！登高一呼，全班紛相仿效。助教老師利用罰站時間對他個別談道，並帶領他決志。在傳真回美國的代禱信中，特別提醒會友為他代禱。營會結束後，我們邀請小朋友星期日回來上主日學。第一個回來的──是他！（回美後接到北斗朱媽媽的電話，知道他不但每個禮拜來上主日學，也會邀請朋友一起來教會，並學習奉獻，就是嘴還髒。）

　　有三個小朋友，來的時候頸上掛著香符，幸香姊妹看

了特別有負擔，為他們個別談道禱告。在最後一天呼召時，其中兩位舉手決志，也拿掉了掛在身上的符。幸香姊追問為什麼？他們說：「耶穌在我心裡賜我平安。」

彰化北斗貴格教會週年慶，來了將近三百人，擠在這小小的地方。神感動隔壁楊老先生，讓教會使用他家門前的走廊，我們擺了長桌，佳賓美食場面熱鬧非凡，一點也不像聚會，倒像是古早時代娶新娘，「鬧熱辦桌請人客」。

一晚，營會後大雨滂沱，家長來要帶小朋友回去時被「困」在教會裡。兄姊趁機會個人談道，小小會堂裡，幾人樓上、幾人樓下，各聚一角。這晚，聖靈大大動工，如同外面大雨傾盆而下，不久先後一個一個決志。牧師應接不暇地作祝福禱告，讓我們驚喜不已！

第三個禮拜，營會在嘉義太保的嘉南教會。劉清峰牧師帶著莊澤豐牧師做地毯式的拜訪。因莊牧師曾是霹靂小組大隊長、保警大隊長，仗著這個身份，著實方便不少。當行至太保分駐所，所長一見莊牧師隨即起立行了個大軍禮，反叫莊牧師措手不及，趕緊躬身握手回禮，原來是警校早期的學生。

晚飯時，外面下著雨，不見去太保國中的「太保隊」歸來，卻接到電話，原來車子爆胎，因無備胎只得停在公路邊。幸好不久出現一部拖車，正慶幸禱告蒙應允，發現拖車比我們

的廂車更老爺，只得請莊牧師、老師們幫忙把車尾抬高，以便吊車（神勇不輸"Superman"，只是多幾個人而已）。此時此刻，柯瑾孺老師慧眼識時機，放下雨傘，趕緊爬進車中取來相機，搶下了值得紀念的一刻。回到教會，眾人面無倦色，反倒七嘴八舌地搶著分享。雖是精神體力受考驗，但考驗中領會神的恩典。

無心插柳柳成蔭

短宣隊在台南市，七月大熱天的下午，劉清峰師母仍安排探訪，帶三個姊妹走在小巷裡找門號（師母是憑記憶）。路上遇見一位老先生坐在門口小凳子上納涼，看過路的人，於是我們留下香蘭姊陪他談道，其餘照原訂計畫繼續「找路」。老先生樂得有人談話，靜靜聽完四律，探訪隊回道再會合時，他老人家已決志，師母為他禱告祝福。眾人習慣性地邀請：「老先生有空到教會來聽道理呀！」

第二天主日的早晨，有位老先生被帶來出現在教會門口，說：「要來聽道理。」他不是別人，就是這位無心插柳柳成蔭的曾老先生。

短宣可以告一段落，但宣教沒有結束的時候，只有一棒一棒地接下去。

3

■ 愛恩台福基督教會　友尼基

在我裡面的比外面的更大

記2002年夏季短宣：
台中縣大安鄉大安福音中心

擲無茭

2002年夏天，北美短宣隊來到台中縣大安鄉大安福音中心，將有一週的營會在大安國中。福音中心是一座三層樓房，可容納三、四十人的教堂，許多教派來了又走了，吳牧師是本地人，定意留下。

把三位男士隊員安頓在一樓的禮拜堂，晚間就把會堂座椅移開，睡在地上，早晨起床後收起毛毯、草席，改放乒乓球桌，當作用餐的地方，主日，再把敬拜的桌椅擺回去。Eric帶

了他的「安全毛毯」（security blanket）；一隻純白小綿羊的stuff animal，我們就把牠放在祭壇（講台）上獻祭了。

安頓後，大家到了台灣香火最鼎盛的媽祖廟——大甲鎮瀾宮，進口處有個封閉的大香爐，正懷疑為何封閉？才知道曾有兩次少女跳進香爐焚身。當我們就近看著善男信女正在「擲筊」時，卻怎樣都「擲嘸筊」，因為有我們（基督徒）在場。是的，「那在我們裡面的要比外面的更大」！

天門大開

佩潔帶著老師群，開這部保力達公司送給教會的箱型車，還是經過了一番「奮鬥」才發動。一路到大安國中學校門口（大門已完成改建朝西北）向警衛「報名上冊」。這個因風水不對而改建的大門徐徐被推開，福音車漆著「耶穌是好朋友」，載著七個美國台福「基督教」短宣隊員緩緩駛入，寫下歷史性的一刻，只差撐著十字架旌旗。是的！以前是慈濟進來，風水不對，現在福音天軍如傘兵從天而降（坐飛機來），天門大開，福音進來！

一百二十名大安國中生在校長及輔導主任的指揮下，有秩序地照著年級分班在大禮堂坐好。馬上有一學生家長

反應,希望這一個禮拜的營會不是在學基督教,浪費時間。佩潔小組長擔心家長的反應,不知是否應該照預備的課程進行?領隊林醫師夫婦早已感到情勢不對,彼此握緊雙手禱告,相信既能進來主必掌權,求神賜智慧。「不要怕,只管講,不要閉口,有我與你同在……」(使徒行傳十八章9～10節)學校教進化論,今天我們要來講創造論。校長非常明情達理,反而鼓勵學生既入寶山,盡量挖寶。

第二天一大早就接到會友電話,颱風要來。不久校長也打電話過來,為了安全起見,今天取消營會。我們相信神必有祂的美意。吳政村牧師聞訊後,不願浪費這批短宣人力,立即開車到外面帶來了十幾個教會國中生和他們的朋友,讓我們一齊聯誼、帶唱歌、遊戲。結束時 Jean(牛仔老師)傳福音並呼召,有7位同學舉手決志。神憐憫,讓我們在意料之外的颱風天嘗到靈魂得救的喜樂。晚間一場醫療講座也照常舉行,來了二十多人。就寢前,風雨大作,大家圍在一起為明天的天氣禱告,各班老師更為自己的學生在神面前迫切代求。

神的恩典要數算。七月初不是颱風季,在這撒但掌權最堅固的營壘──大甲,我們不能拒絕颱風,卻能在颱風中打了一場勝仗。

一夜雖有「颱風」，早晨必有歡呼

營會只有六天，已因颱風去了一天，我們求那掌管宇宙的神，讓學校今天可以上課。

颱風過後帶來傾盆大雨。來的學生不多，合班由「洗耳朵」和「艾瑞克」兩位有帥哥之稱的老師帶唱，反應很好，大概是因為台下八成是女生。Ted、Betty兩人合演一劇sin stinks，以便帶入今天分班的主題——罪。

教育局督學來訪，非常肯定我們的事工，頻頻讚許，並照相留念。

天氣影響情緒，悶在一處難以紓解。領隊林醫師帶我們去海鮮餐館大吃一餐，山珍海味任你選，果真個個突然「復興」起來。跑到琳瑯滿目的生鮮攤前——九孔、紅蟹、沙魚、牛蛙、鱉、帶頭雙眼突出的baby鱷魚——天啊！這豈不是彼得魂遊象外所看見的嗎？只要禱告過的，都是潔淨的、可吃的。

半夜起床如廁，赫然發現幾位老師們仍跪在床上禱告。原來昨天這幾位老師的教課突然失常，非常昏睡（不是瞌睡），腦子空白不知道該講什麼，有的有突來頭昏、頭痛的現象。今天我們就要進入撒但的陣營，奪回受捆綁的靈魂——呼召同學們決志。這場屬靈的爭戰，尤其在這媽

祖勢力最盛的大甲，學校大門可以因為風水而改建，撒但怎肯栽在這群美國來的大孩子手裡？！於是老師們禁食，提早到學校繞著教室唱詩、禱告。果然又發現意想不到的暗劍——教室在油漆黑板，只有一半能使用（其實營會的日期是早就排定的）。我們決定，既然進來了，神與我們同在，就是在操場也要呼召。

合班時，感覺學生反應死氣沈沈，大人則感昏睡，場面幾乎撐不下去，突然——莊哥出現——老師們如注一強心劑，士氣大振。神藉著莊哥適時地介入，讓我們知道神與我們同在，還怕誰呢？（莊哥乃莊澤豐牧師，從恆春北上到各站「趴趴走」。）

「我們有這寶貝放在瓦器裡，要顯明這莫大的能力是出於神，不是出於我們。我們四面受敵，卻不被困住；心裡作難，卻不至失望；遭逼迫，卻不被丟棄⋯⋯」（哥林多後書四章7～9節）

神有恩慈、有憐憫，呼召時每班都有超半數，甚至全部舉手的。流淚撒種的，必歡呼收割。老師們又經歷一次神奇妙的作為。

浪子回頭

大安福音中心一群青少年，這幾天來一直跟著我們，也作

小老師,也與同學們一齊上課,其中Vivian是慕道友,在教會司琴,終於在今天決志。老師們留下美好的榜樣在他們心中。

一劇Ted楊自編的「浪子回頭」(台灣版),演得好極了。尤其是Eric演賣油條的老爸,既有北方大漢的粗獷,又有老爸愛子之情;Elisa飾演長女(男生不夠),那副嫉妒、發牢騷的潑辣像,夠學生體會了;只是Ted這浪子太斯文了。我們曾經都是浪子,神的愛尋回了我們,這劇戲結束了福音營會。老師們的話會過去,但神的感動將常存在孩子們的心中。

風風雨雨平安走過,成果展這天更是不敢鬆懈。下午有排練,學校非常合作,為了我們星期六開門,甚至親子會在晚上舉行,也是破例。訓導處王組長親自來觀摩,並帶獎品鼓勵學生。

老師們演一劇"Redeemer",但願信息留給學生深刻的印象,懇求聖靈動工。

這一扇改建的大門,從此為耶穌基督大開,是無人能關的!

主日,同學們自己騎著「鐵馬」來了十幾個,其中兩個女同學還大老遠騎了半個小時,老師深受感動,聚會後

開車送她們回去。願主祝福她們渴慕的心。

一個禮拜的感想,姑且以一首打油詩權當作紀念:

以地為席腰骨痛,蠅飛蟻爬蟑螂跳,

風吹田園豬屎味,耳聞雞啼蟬蛙叫。

鹹魚青菜呷粗飽,教課之餘想睡覺,

美國親友如相問,精兵吹響得勝號。

今朝作別,依依不捨。在物質缺乏的鄉下,教會簡陋的設備,傳道人純樸的生活、甘心的擺上,讓我們經歷到神豐盛的賜福。

(編按:北美短宣隊每年繼續來到台中大安福音中心,這期間已有三個人受洗。)

第一章 品格美語營

43

4 都市囝仔歹剃頭

■ 愛恩台福基督教會　友尼基

記2002年夏季短宣：
台南縣新化國小

寄養家庭

　　北美短宣隊第三週在台南縣新化國小的營會，由學生家長來接待與小朋友們「同居」。老師們陸續報到，在新化國小隔街的新化長老教會集合。六點整，接待的家庭來「認領」他們要接待的老師，這真是別開生面的情景。吳阿呆牧師點名，各人互相看看自己的「家人」：有多達四、五個小孩的、也有四代同堂、有住四合院、有住公寓、有印尼外傭的醫師家庭、有開spa的家庭美容院、有對「美國來的老師」期待甚高的父母……形形色色。五十個家庭登記要接待隊員，只是「僧多粥少」，不夠分配。於是吳牧師請林醫生夫婦分開住宿，以便多接觸一個

接待家庭，但林醫生反駁，豈不知經上說：「神所配合的，人不能分開。」十三個接待家庭只有一家是信主的，吳牧師祝福各位：再來一個禮拜的「好歹命」（聽天由命），「神幫助你！」

350名新化國小及一些其他學校慕名而來的小朋友，已經在吳牧師和永康街基督徒會堂、大同路基督徒會堂和其他附近教會等30位兄姊的團隊合作下，參加了一個禮拜的營會，我們來是接續第二個禮拜。作業大同小異，學生已能熟悉適應。

我們發現這兒的小朋友英文程度偏高，學生對我們的教材有反應；敢發問、敢回答，有的大班同學竟然向老師用「進化論」挑戰「創造論」、證明神不存在，甚至拒絕聽耶穌……。

人人自潔學習同工

在神的家有各種恩賜的人，尤其是這批短宣隊員臥虎藏龍，有博士後研究人員、有教師、藝術生、彈琴、拉絃、演戲樣樣精，才華洋溢。這一週要與本地教會同工，不同的背景、年齡，甚至彼此不認識，說來也不容易。在台中大安，挑戰是外在的；在台南新化，則是內部彼此的

同心同工，學習謙卑順服。人若不自潔，方枘圓鑿各自為政，就會正中撒但下懷。好在老師們能儆醒，領隊的Ben及佩潔兩人靈裡敏銳，能自愛並自立榜樣。

多虧本地同工們的合作和幫忙管理秩序，尤其午餐後，看管這一群精力充沛的小傢伙，要他們安靜午睡，真是困難。一班35個小朋友，只要一個登高一呼，或一個帶game boy來玩，全班就一邊倒了。

第一班最年幼的兒童由Elisa老師來教，是團隊裡經驗最多、最有耐性的老師。她班上有三個過動兒、一個天天哭著要媽媽、一個老是爬在桌上；還有幾對三劍客，桌子是兩個兩個排著坐，他們偏偏就是要三個一起坐。最高班是由資深的Ben老師來教，論屬靈屬世都成熟，果然接的是棘手的一班。一上台，學生就拒絕他講耶穌、不聽聖經故事，倒是要老師講魔鬼，問他們為什麼？回答說：「要請魔鬼來打耶穌。」

耶穌復活會變成神仙嗎？

Elisa老師兩天下來，筋疲力盡，聲音沙啞，莊師母預備的護喉中藥既苦又澀，憑信心喝了幾大杯，不見聲音來，只見排水多，不得不請求吳牧師特別預備麥克風。

課堂裡幾位學生反應夜晚夢見鬼，學生好奇地問：「耶穌

復活會變成神仙嗎？」這一年來，哈利波特所帶來的巫師邪術、飛天掃帚，把小朋友暫時帶入幻境中，與事實脫離。台灣多神信仰的環境裡，再加上神怪電影，實有賴父母及教會作e時代的先知。

狄更斯（Charles Dickens）說：「這是幸福的時代，也是不幸的時代；這是滿有智慧的時代，也是充滿無知的時代；這是信仰的時代，也是不信的時代。」（摘自《雙城記》）

檢討會時，老師們提出討論著個個的難處，其實所有的阻攔都可以找到合理的藉口，只有帶到施恩座前禱告，別無他路。

一齣戲劇"Redeemer"帶入今天的呼召。昨天一個個老師們都跪下為學生提名代禱。大班Ben老師心情沈重，一上台就先向學生「坦白」，除了講救恩和自己的見證外，告訴同學們昨晚跪在床前，拿著名單一一在神面前提名懇求，同學們深受感動。流淚撒種的，必歡呼收割，全班只有五位沒有舉手，兩位最反對的也決志了，求神恩待他們前面成長的道路。

神憐憫！每一位老師都經歷是神的靈在做工，看到每班有98%的小朋友決志。沒有決志的，試著個別

向他們傳福音，有的明確反對、有的不理睬。小小的心靈好像被恐懼、敵意捆綁著，手帶佛珠頸掛符……這不信的世代何時了？

我已經好想你了

　　接待家庭呂醫師家的國四小男孩Weylin和他的妹妹Weymee哭著要林醫生夫婦留下：「你們要回去，是不是衣服不夠換了？」小妹妹不能明白地問：「我已經好想你了，可以再上課一個禮拜嗎？」想不到，我們不能像年輕老師們成為大哥哥、大姊姊的陪著他們玩，只會講故事、陪寫作業、彈鋼琴（父母上班）和他們一同乘娃娃車，竟也能得著他們的心。就寢前，兄妹倆敲門進到我們房間來，牽著小手、哭得紅紅的雙眼，低著頭小聲的說：「我們要和你一起禱告……」

主日敬拜在學校

　　史前無例，主日崇拜在新化國小學校大禮堂！全體師生、家長都來。由台南縣永康街基督徒會堂主禮，台北台福教會林榮吉牧師證道，牛仔老師及Christine老師作見證。牛仔老師說到，營會剛開始時，她實在受不了小朋友的吵吵鬧鬧，於是禱告神，就在那天晨更時，神藉著《荒漠甘泉》這本小冊子讓她

看到一句：「要安靜，這是神的殿。」她滿心歡喜，知道神垂聽了她的禱告。果真小朋友安靜了許多，以此勉勵小朋友不要忘記凡事禱告。

一首未具名詩這樣寫道：

有人喜歡在教堂的鐘聲下做工，
有人卻喜歡在地獄的門口救人。

到普天下傳福音給萬民聽，是神不變的心意。台福教會對台灣宣教的呼籲，我們這一小群的人回應，並完成了三個禮拜、八個工作站的服事。我們不止盡了本分，更是親嘗主恩，哪有比看到這些拜偶像家庭的小孩舉手願意信耶穌更喜樂！更感恩！神啊！竟然……我也能……

日子本身並不重要，但在這些日子中所成就的事，卻是神所動的善工，是值得思念的。遂提筆作記，願你與我們同行、同笑、同哭、同享主恩。

5　2007年夏季台灣短宣日記摘錄

■ 張玉明牧師

沙鹿集訓（7/5～7/7/2007）

集訓在台中縣沙鹿鎮曾明國弟兄剛買到的三層樓、六座連棟的樓房舉行。全時間和部分時間的同工共62人，在此展開三天二夜的集訓。另外有從亞利桑那鳳凰城（Phoenix，Arizona）來的朱嘉玫（Rosy Jaw）和他的女兒趙天情（Stacey Jaw）和兒子趙天行（Timothy Jaw），總共65人。

曾明國弟兄於7月4日才拿到房子，把它清洗一次，消毒兩次，緊急裝上冷氣，買了50多個床墊，就成為我們2007年的短

宣的集訓所。短宣中雖然冷氣時有中斷、馬桶不通、跳蚤出現，Jeremiah, Nehemiah 各被咬了32處，張師母也被咬得很慘。但這裡成為短宣隊員彼此認識、配搭、預備短劇、課業、材料、學習基督精兵生活的最佳場所。

開業式時，曾弟兄席開六桌，並請來東海大學的校牧李春旺牧師、魯傳道、基甸會的同工、長老教會的朱長老和汪長老前來勉勵。此次曾弟兄接待短宣隊在此集訓，並奉獻豐原豐南國中隊在此一週服事的住宿、水電、便當、交通車的所有費用，並於國內外旅行的空檔多次前來短宣隊探望。我們贈送一件簽滿了名字的T-Shirt和鑲著各州銅板的美國地圖為紀念。

這幾天的集訓，張牧師向隊員們強調我們是耶穌基督的大使，首要責任是把福音傳清楚，並邀請學生們接受耶穌，藉著有愛心、耐心地教導英文，來達到這個目的。強調隊員聽清楚"What"，不要問"Why"，並主動思想"How"來完成整隊的使命。

第一週（7/8～7/14/2007）
台中縣豐原市豐南國中／台中市東海大學

首先，由Kirk Tang帶領，上午在豐南國中，下午在東

海大學教堂內服事。這一隊除了張師母和April Cao是女生以外，都是男生。幾天相處下來，同袍的感情深厚，甚至都忘了April 是女生。在豐南國中的服事很受學校歡迎，校長甚至在結束時開放學校最好的視聽教室，讓老師們吃便當，並贈送名產為禮。憨厚的Chris Choi被豐南國中的英文老師抓去教英文老師們英文，張牧師被邀請向他們的資優班講複製人、人的永生，以及神創造人的計畫，並信耶穌的意義。最後一天的啞劇"King of Hearts"，甚得同學們的欣賞與認同，連鄧校長都對這個充滿福音信息的短劇讚不絕口。

東海大學的暑期營為期兩個禮拜，這個禮拜的下午，由短宣隊幫忙英文營，孩子有些頑皮，但是老師們都很認真。魯傳道還帶我們去拜訪東海大學附屬初中／高中的張校長，張校長希望明年我們能夠在東海附中幫忙英文營。明天是禮拜天，短宣隊將帶領東海教會的敬拜，負責敬拜的魏老師提到東海教會有五個年輕人的敬拜團，盼望明年能夠和我們的短宣隊配搭，在台灣的短宣上一同事奉。

屏東縣高樹鄉 甘泉台福教會

這一站因為是在教會，整天的英文營和學生們相處較久，很多老師禮拜二就呼召了，而且有很高的信主比例。張

素宜（Sue Chen）老師在談到她班上同學的信主時，眼眶都紅了。鍾秉耘老師（Irene Jong）利用她應該休息的時間與學生個別談話，分享福音。這兩位老師非常愛學生，除了公開呼召信主之外，還各別一個一個地確認他們是眞的清楚信主，愛靈魂的心令人感動。甘泉教會今年三月加入台福，粘錫璋傳道夫婦從澳洲回來牧養，敦親睦鄰，讓周圍許多還沒有信主的鄰居，都樂意來幫忙兒童英文營的工作。

第二週（7/15～7/22/2007）
屏東縣滿州鄉

第二隊早上離開台中，往屏東縣的滿州鄉。中午搭火車，到了滿州，已是晚上十點鐘了。張牧師的妹妹、妹夫提供了一部八人座的Toyota Wish的箱型車給牧師免費使用。它就成爲載教材行李、在各站之間的運輸車，平常就是運送學生的校車。

滿州位於台灣最南端，在墾丁國家公園的裡面，附近有迦樂水遊樂區。老師們到迦樂水海邊玩的時候，都很幽默地說：這是"Add Hot Water"公園，我猜他們想到了泡麵。

禮拜一沒有教課，老師們一早在呂秀春傳道的帶領下前往滿州國小、滿州國中拜會校長、鄉長。很多孩子因為是被隔代教養的，問題相當多。我們發現這個地區學生的英文程度確實比較低，學習的意願也比較差。呂傳道告訴我們，這裡的廟雖然看起來沒有宜蘭那麼多，但是差不多每三個家庭就有一個乩童，許多人有邪靈附身。這也許可以解釋為什麼小孩子不能好好讀書，家庭問題相當嚴重——這裡需要主耶穌！

我們發了信，要求大家為炎熱的天氣和老師們的健康禱告。禮拜一開始就一直下雨，因為下雨的緣故，也就沒有那麼熱了。感謝神！也謝謝大家的代禱。

禮拜二早上的課約有45人，他們的英文程度比較差。下午因為國中的校長沒有做好招生工作，所以呂傳道把英文營改到會友的英文補習班舉行，將近50人擠在小小的教室裡面。我們商借隔壁的四方教會，可容150人左右的大堂，並計畫多用一間教室來滿足分班的需要。徐香蘭姊妹（愛恩會友移民台灣）特地從屏東市開了兩個小時的車，趕到滿州來探望福音隊，並幫助張師母為十多人的隊伍買菜、洗衣、做飯，以及處理隊費的分配，相當費心。大家吃便當吃到有些怕，今晚師母煮了青椒炒豬肉蓋飯、燙青菜和竹筍湯。大家把食物一掃而光，許多人吃了平常兩倍的份量，今晚可能睡不著了。

今天四方教會的陳傳道正式拒絕我們借場地的要求，因為教堂要借給人家教琴，擔心清掃等問題，我們覺得遺憾，需要為這個教會和他們僅剩的5個會友代禱。結果下午"King of Hearts"的默劇在露天的Patio舉行，在聖靈的保守之下，效果非常好，榮耀歸給神！

禮拜六的兒童主日學，教會請老師們帶領。前一個晚上年輕人自己編劇，演出約翰福音十章11至13節好牧人的傀儡戲，一炮而紅，孩子們希望能夠再看到他們的演出。

新竹縣竹東的曾政忠師母打電話來，下個禮拜上館國小超乎意外地招募到100人以上。加上台東現已增加到的295位學生，台中大甲日南國小的140位學生，我們將有超過500位學生在最後一週要教導、傳福音，特別需要代禱。看聖靈的工作是這麼明顯，所以每一個老師，每一個學生都有生命史上難以磨滅的經歷。

台中縣大安鄉 大安國小

大安國小約有80個孩子，從一到六年級分四班。由於老師中有許多還是高中生，教起課來一則放得開，二則容易和孩子打成一片。禮拜四早上第1節合班時，電腦出了問題，老師們就在投影機的強光下表演恐龍咬人、鱷魚出

現、鳥兒飛翔等「皮影戲」給孩子們看。在唱〈尋找〉這首歌時，Daniel Chiang就像歌中的小飛鳥，在體育館的舞台上飛來飛去，成為小孩子眼光的焦點。休息時，看到所有學生在操場上追逐教課的老師。才知道他們的挑戰是：「如果在五分鐘之內，可以抓到五個老師，那麼就可以不用上課。」整個禮拜的課程就是在這樣的互動中快樂地進行。每個學生都愛他們的老師，快到星期的末了，都一直問：「老師，你真的要走嗎？」學生們體會到老師愛他們，所以向他們介紹主耶穌時，他們就有很高的比例願意接受老師們所相信的神。

　　小朋友們對於愛有非常明顯的反應，可能是因為他們所有的是殘缺不全的愛。當一位老師告訴小朋友們說：「你們要愛爸爸、愛媽媽。」一下課就有五、六個女生圍著老師說：「老師，我沒有爸爸！」老師眼光一瞄其他的男生，他們也一樣是欲言又止。相信那一班可能有三分之一是單親家庭。在畫family tree時，有的學生說：「老師，我沒有見過我的祖父、祖母！」

　　下午探訪一家三姊妹，老大和老二都是單親，且有憂鬱症。老三和先生沒有住在一起了，但是先生生氣時，會過來打太太。有大陸新娘沈迷於賭博，孩子沒有照顧；有爸爸因詐欺、吸毒被抓去關。「兒童是未來國家的主人翁？」台灣鄉下的孩子就是在這樣的環境中長大。單純的鄉民熱烈地捐

錢蓋廟、拜偶像，幾十年、幾百年，從偶像所得到的就是這樣的後果！

我們在這短短的一個禮拜中，和孩子們玩在一起，教他們英文、教他們活潑的聖詩，告訴他們主耶穌愛他們，鼓勵他們接受耶穌作他們的救主。我們能給他們的，是給他們一個新的開始。

我對自己說：讓我們不要因為只能在此一個禮拜，所能做的有限，就氣餒。要知道我們所給他們的，是在主耶穌的愛裡一個新的開始。黑暗的力量、恨的力量很大，帶來的是破壞；但光明的力量、愛的力量更大，所得到的是祝福。若撒但惡者在幾百年中把台灣變成如此，讓我們看看神的福音可以在多短的時間內把祂所創造、祂所愛的子民，恢復到當初神所要造的美好榮耀的光景。神所要的，是愛祂的兒女們不間斷、不灰心的在這些孩子們當中努力地工作。讓我們禱告神，讓台灣的短宣可以繼續下去。

苗栗縣造橋鄉大西村 大西教會

大西村是一個客家莊，約有1,200戶人家，90％多是客家人。這是一個剛開始的基福的教會。今年的英文營來了約30人。

Sue的班上有一對雙胞胎的男生，行為比較偏差，但經過一天的教導慢慢地變好，也喜歡唱詩歌。但第二天就不被允許來了，因為祖母在開廟。此處有很多家庭的問題：父母離異、隔代教養、家暴等，甚至孩子也有暴力傾向。

新竹縣寶山鄉 寶山福音中心

教會有一個即將升高中的王姓女同學，她的腳不方便，因為小時候罹患小兒麻痺症，一直使用枴杖，人很消極，且不願意與人談話。去年得到家人的許可，由陳士廷牧師為她施洗後，有了很大的改變，願積極主動與人交談，且課業突飛猛進，得到總統獎，連報紙都訪問她。現在她在教會事奉，充滿喜樂，是一個蒙福的人！

第三週（7/22～7/29/2007）
台中縣大甲鎮 日南國小

在日南國小這一週裡，要教六個班級，近120個學生。許多老師沒有助教，就一個人負責20多個學生。

鄭校長是劉雅貞牧師的親戚，禮遇短宣隊並預備午餐。禮拜五的成果發表會定在教會舉行。100個孩子要擠進小小的教會，家長坐椅子，孩子們坐地上，把空間做最大的運用。

禮拜五是最後一天,學生們拿著簿子,到處找老師簽名。離情依依,反映出老師們辛苦所付出的愛心,得到小朋友們熱烈地回應。鄭校長請張牧師到辦公室泡茶,談到第一次和我們一起辦英文營,對我們不認識,這次看了老師們的愛心、教授的內容、備課的用心,很希望明年能夠和我們再次合作。看來2008年要服事的學校只會增加。

台東縣和台東市

上午在興隆國小、馬蘭國小、桃源國中,下午在溫泉國小、光明國小、寶桑國中,由台東基督教醫院「一粒麥子基金會」安排。台東一共服事兩所國中、四所國小,約260個小孩子來參加這個英文營。原則上,每一個老師都要教兩個學校,早出晚歸。

台東的學校真的很美,不是依山,就是傍水。可惜的是少有冷氣。有的教室一進去好像是三溫暖,一個禮拜下來,我們都快變成台東人了。同時間,有一個萬國兒童佈道團的老師們來教會做兒童工作,兩個同工中暑了。我們用舒跑飲料來補充損失的水分。當這一週逐漸結束時,我們又高興(可以逃離這個溫度),又捨不得(孩子們)。老師們的辛勞,贏得了這幾所學校的好感和正面的肯定。台

東的工作在可見的未來似乎越來越大了。

新竹縣竹東鎮 上館國小

　　上館國小今年報名比上一年多，約90人。老師們非常有創意，為了增加低年級班學習的興趣，Samuel Lin 和Daniel Chiang 設計了一個障礙賽，兩組人馬各要穿過掃帚柄、穿過呼啦圈，然後到黑板上指認老師所唸的英文字。孩子們對每一個英文字不見得都認識，現場競爭起來卻非常地熱烈。

　　下午，老師們到歸正教會的鄒仁裕牧師、師母所創立的「愛鄰舍關懷協會」，與院童們吃飯、作見證。這些孩子們是父母無時間照顧，下課後就放牛吃草、讓他們在街上遊蕩的孩子。鄒牧師、師母預備午餐和課業輔導，讓他們有人照顧，人數達70多人。她希望明年短宣隊可以考慮與他們聯繫。去年，張牧師曾經在客福客家福音神學院教密集班，今年因感行程太緊湊而沒有再做，他們還是希望明年能夠有。只能求神加添體力！

結論

　　雖然這不是一份很完整、周詳的紀錄，但在這份報告裡可以依稀感覺到台灣的光景、需要。願讀這份報告的人，繼續為

台灣的短宣工作代禱。求神感動更多人參加暑期短宣。我們的心願是,若有學校願意開門,我們就進去。現今教育部定規從國小三年級就開始教英文,這扇廣開的門戶估計約只有5至10年,到那時小朋友滿腔英文。我們需要的老師數目很大,而我們常常缺人。但是這工作可以完全改變台灣的文化,你願意參與嗎?

後記

感謝神,今年(7/5～29/2007)夏季北美短宣隊60位隊員,在三週內進入台南、台中豐原、屏東高樹、屏東滿州、台中大安、台中大甲、台中潭子、苗栗造橋、新竹寶山、新竹竹東、台東等十一個鄉村,十四所國中、國小,四個社區,共向1,095位中、小學生傳福音,帶領其中777位(佔71%)決志信主,另成人探訪隊在工福潭子福音中心亦有美好服事,求主保守所撒下的福音種子能發芽、茁壯,也記念隊員們的辛勞,更謝謝兄姊們的奉獻及代禱,願一切榮耀歸主名!

(編按:作者張玉明牧師是前南加州正道神學院教授和前南加州愛恩台福教會主任牧師,自2005～2007年夏天,曾帶領愛恩教會台灣短宣隊爭戰台灣各地。2008年起,轉任北加州生命河靈糧堂教牧領袖學院院長。除了神學院教學之外,亦大力推動台灣宣教。)

第三章

南半球來的愛

2003年紐、澳夏天，
青年學生們趁著暑假，
把南半球的愛，
帶回寒冬中的台灣。

迄今，這樣付代價的愛的行動，
已經持續五個年頭……

短宣行蹤

- 基隆市
- 宜蘭縣壯圍鄉
- 花蓮市
- 苗栗縣造橋鄉大西村、頭屋鄉
- 台中縣新社鄉、大甲鎮
- 南投縣埔里鎮
- 嘉義縣太保市、東石鄉
- 高雄縣鳥松鄉

1 越戰越勇

■ 紐西蘭恩慈台福基督教會　李昭輝牧師

【寫在前面】

　　2002年世界各地台福教會的群英會在洛杉磯愛滿地的洛杉磯台福教會舉行，莊澤豐牧師、林華山醫生夫婦受邀向紐西蘭區的代表隊分享台灣宣教的需要。2003年的年會，澳洲區代表許國慶弟兄來到林醫生夫婦擺設的「台灣宣教」攤位，擬定當年秋天傳遞台灣宣教的紐澳之旅。

　　同年（SARS那年）北半球台灣的冬天，紐、澳南半球的夏天，由李昭輝牧師帶紐西蘭隊，阿香師母帶澳洲隊回台宣教，迄今五年不斷，越戰越勇，歷久彌堅。

＊・＊・＊・＊・＊・＊・＊・＊・＊・＊・＊

　　台福基督教會紐西蘭區會自成立以來，一直對宣教有很大的負擔，也不斷尋求神的心意，看到底要選擇哪一個地方作為我們對外宣教的開始。

從哪裡開始？

我們最先考慮到的是回台灣短宣。然而，由於在地理位置上，我們位居南太平洋，所以也曾考慮從南太平洋的一些島嶼開始，特別是在2002年11月初，由美國大使命中心主辦，紐西蘭台福聯合宣教中心、中國信徒佈道會紐西蘭區會、紐西蘭極地傳福音中心合辦，在奧克蘭舉行的第三屆太平洋華人宣教研討會之後。由於紐西蘭位居南太平洋島嶼的樞紐地帶，大會對我們有很大的期待，希望能夠挑起南太平洋島嶼宣教事工的大樑。台福紐西蘭區會也因此更積極地討論要如何開始在南太平洋島嶼的宣教事工。然而，經過將近一年的尋求，神似乎沒有在這個事工上開路，因有些計畫始終無法實現。

就在尋尋覓覓的過程中，2003年9月初，風聞美國林華山醫師夫婦將前往澳洲雪梨傳遞台灣短宣的異象，那時我正負責紐西蘭區會聯合宣教中心事工。我內心有一個很強烈的感動，希望林華山醫師夫婦趁著雪梨之行，能順便繞道來紐西蘭分享。於是打電話與林醫師聯絡，他二話不說，馬上答應下來。我們便安排他們夫婦在2003年10月10～12日來奧克蘭帶領連續三天的台灣短宣之夜，就這樣點燃了紐西蘭台灣短宣之火。

踏出信心的第一步

在最後一天晚上呼召時,有一位姊妹回應呼召,願意參加年底的台灣短宣。這位姊妹叫王沛琦(Shelly),那時剛受洗不久。沒想到,後來當我們在苗栗造橋短宣時,她與當地教會的一位弟兄燃起愛的火花,經過幾年的交往後結婚。後來她先生獻身,現在就讀神學院,準備全職事奉。王沛琦這第一位回應台灣短宣呼召的姊妹,在神奇妙的帶領下,竟然走上獻身之路,真是感謝讚美我們的神!

接下來一個月左右,我們繼續招募短宣隊員,11月8日第一次聚集時,有6位年輕人參加。由於適逢他們忙著準備期末考,也沒有時間集訓,因此工作分配完之後,就各自回家做作業,彼此用e-mail聯絡討論。直到12月12日所有短宣隊員集合在造橋教會時,才開始排練各種活動及英文教學節目。現在回想起來,真可用「初生之犢不畏虎」這句話來形容。儘管如此,我們更是深深經歷到,踏出信心的一步所帶來神奇妙的帶領與祝福,就如同當年約書亞率領以色列百姓要經過河水漲溢兩岸的約旦河時,抬約櫃的祭司腳一入水,約旦河的水就開了。

沒有間斷過

紐西蘭第一批台灣短宣隊員,除了那6位年輕人之外,還有

3位媽媽（紐西蘭恩慈台福教會楊淑娟姊妹、美國聖雅台福教會的黃善良姊妹、孫錦雪姊妹），加上擔任領隊的我，共10位。我們到苗栗造橋、大西、高雄鳥松等基層鄉村的地方，做為期兩個禮拜的短宣。

從那時開始，紐西蘭的台灣短宣就一直沒間斷過，由紐西蘭區會所屬各教會牧師、師母輪流領隊。神不斷地為我們廣開宣教之門，2004年由北岸台福教會王雁鳴牧師、師母領隊，到苗栗造橋、大西短宣；2005年由長堤台福教會龔偉鴻牧師、師母領隊，在苗栗造橋、大西、嘉義太保等地短宣；2006年由紐西蘭台福教會吳文瑞牧師、師母領隊，到苗栗造橋、大西、台中新社、埔里等地短宣；2007年（去年）又再度輪到我和妻子領隊，到苗栗造橋、大西、台中新社、大甲日南等地短宣。由於短宣經驗的累積與傳承，紐西蘭台灣短宣隊可以說一年比一年成熟、更能發揮美好的果效，且短宣隊的陣容也越來越龐大，去年我們有24位參加。

紐西蘭台福教會在過去這五年來的台灣短宣，真是佈滿神恩典的痕跡，有說不完的感恩見證，也讓我們更加肯定台灣短宣的重要性。儘管許多時候，我們無法即時看到福音的果效，但深信神已經在其中動那奇妙的善工。此

外，我們也深深地意識到「要收的莊稼多，做工的人少。」（馬太福音九章37節）我們真的要迫切「求莊稼的主打發工人出去收他的莊稼。」（馬太福音九章38節）求神為台灣骨肉鄉親靈魂的得救，繼續使用我們紐西蘭區台福教會這卑微的器皿，我們也願意不斷回應神的呼召說：「我在這裡，請差遣我！」（以賽亞書六章8節）

2 神不撇棄

■ 澳洲愛平台福基督教會　阿香師母

神必預備工場

話說2003年，藉著林華山醫師的到訪，掀起雪梨兩間台福教會（雪梨、愛平）的宣教熱潮，迄今連續五年了，都回到台灣短宣，期間看見神奇妙的作為，也深知不是我們有能力做什麼，乃是看見神給我們有機會和祂同工。更體驗到只要我們有願意的心，神必為我們預備「適合」的宣教工場。有多位兄姊都回去好幾次了，依舊充滿了熱誠與使命感，也因著宣教的實際行動，塑造了兄姊們屬靈生命的成熟度。

聖誕節期間，剛好是澳洲青年們的學校假期，而台灣的學校也正開啟大門，歡迎這些大哥哥、大姊姊去教英語，深知這是神不撇棄台灣這塊地土的印證，為台灣的宣教大業，開啟的一扇大門。

五年來,我們在嘉義東石鄉、苗栗頭屋鄉、宜蘭壯圍、基隆等國小和國中,舉辦了多場的聖誕節慶祝活動和英語教學,看見神的帶領,恩典真是數算不盡。當地教會因著短宣隊的進入學校,不但與學生建立了關係,更與學校的師長們都變成熟識的朋友,我們相信撒下的種子,總有一日要開花結果。而一路跟上來的學生們,由小學到附近的國中,依舊年年都在盼望著聖誕節期由澳洲回來的大哥、大姊們為他們所帶來的歡樂與愛心禮物。也真看見有些人被耶穌基督的愛所激勵,進而成為基督徒,甚至成為教會同工,而擺上服事主的。我想,這是因他們看見這些隊員們無私的擺上,給他們的生命樹立了奉獻犧牲的學習標竿。

勇敢奔赴戰場

　　每想到主耶穌基督的大使命,既然將「去」的命令託付了我們。感謝神,讓兩間教會的同工們,這幾年下來依舊持續有這樣「台灣呼召」的看見。相信這一趟趟台灣宣教之行,將靠著聖靈持續感動願意去的兄姊們,繼續地走下去。

　　如今台福總會有擴大區會的計畫,日後宣教行動將以

區會為主體,相信在澳洲各台福教會的齊心努力下,為主做工的力量將更為堅厚。想到台灣的基督徒比率之低,求神赦免我們所做的還不夠。願神的國全面降臨在台灣地土上。也願這些在海外的神國子民們,都能穿帶起全副的軍裝,勇敢奔赴「宣教」的戰場,「去」搶救那更多失喪的靈魂,為主圖謀大事。

3 五星級的短宣隊

■ 愛鄰台福基督教會　王雁鳴牧師

紐西蘭的台福教會是在2003年冬季開始台灣短宣事工，感謝神，讓我有機會在2004年冬季帶領短宣隊回到台灣。由於有了上一年（2003年）的經驗，所以有比較充分的預備，從2004年前半年的呼召、報名，到後來八月初至十月底三個月的培訓，神很奇妙地帶領我們來自七個不同教會的14個人成為緊密的團隊。

在台灣短宣的過程中發現，神早就已經把事奉上各種需要的恩賜都安排好了。我們要進行英文教學，隊中就有一位英文老師，負責設計課程內容，另外不少隊員都有教導的恩賜；我們要進行詩歌、戲劇的表演，就有好多位有音樂與表演天分的同工在其中；製作道具、教材的時候，又發現有不少隊員有美工的恩賜。

這是一個很棒的團隊，除了恩賜配搭之外，更因為大家的順服與和睦，所以事奉雖然辛苦，但從來沒有抱怨的話，大家都能彼此體諒、彼此照顧、彼此順服，我真的體會到詩篇所說的：「看哪，弟兄和睦同居是何等地善，何等地美！」（詩篇一三三篇1節）

當地苗栗縣造橋鄉造橋教會與大西教會的同工們，竭盡所能的用愛心接待短宣隊，讓我們非常感動，我們自己戲稱這是五星級的短宣隊，就可以知道我們被照顧得有多麼舒適。願神親自紀念這些默默付出卻無人知道的同工們。

無疑地，這次帶領短宣隊是一次非常愉快的經驗，我們經歷神奇妙的帶領與安排，並看見事奉的果效！

（編按：王雁鳴牧師曾在紐西蘭北岸台福教會牧會，2004年帶領紐西蘭隊回台短宣。）

4a 無畏挑戰

■ 紐西蘭短宣隊

【寫在前面】

南半球的紐西蘭、澳洲等台福教會利用暑假回台宣教,正值北半球的台灣冬季12月學校在學期間。鄉村教會聯絡安排短宣隊進入學校教英文、辦聖誕節慶祝會傳福音。

＊・＊・＊・＊・＊・＊・＊・＊・＊・＊

團隊事奉　主恩滿溢

2003年12月12日,紐西蘭短宣隊抵達苗栗縣造橋鄉。

陳希耀牧師夫婦九年前在65歲時從職場退休後,就看到此地客家人的需要。幾年來蓽路藍縷與主同行,不但在苗栗縣造橋和大西等地開拓教會,更設立了造橋佈道所,作為老人關懷及社區福音中心。

大西教會,是我們未來一個禮拜的住所。新竹北門聖教會

奉獻了全新的睡袋、枕頭及床墊，並幫我們修建清掃廚房、贈送流理台，許娟麗姊妹和王明玲姊妹更是為短宣隊奉獻這一週的食物。感謝主，住所離學校很近，附近也新開了一家7-11，就像聖經所說：「我的神必照祂榮耀的豐富，在基督耶穌裡，使你們一切所需用的都充足。」（腓立比書四章19節）

這次隊員很多是第一次參加，經驗雖不多，準備的時間緊湊，但靠著信心、禱告及願意的心，集訓在歡笑聲中圓滿結束。

磨刀霍霍　迎挑戰

美國聖雅台福教會的Julie和San兩位姊妹與我們同行，細心地準備每一餐，讓我們無後顧之憂。

英文教學及戲劇排練已慢慢成型，從不同國家、教會來的隊員，搭配起來像一家人；李牧師泡愛心咖啡，Shelly發揮了她的藝術天分在設計圖片，Wei和莊傳道畫大字報，Angela、Charlie和Morgan寫學生的英文名字卡。大家還不忘記邊聽邊學即將要教的英文詩歌，Jessica忙著寫日誌。

在錦水國小，教500多位小朋友們唱歌跳舞，並演戲傳揚主耶穌基督的愛。雖然麥克風常出狀況，但小朋友們都

熱烈回應。當初不同意我們用宗教詞彙的校長，活動後並沒有反對我們所提到的耶穌和神。

下午在鄰近的商店開始探訪，許多錦水國小的小朋友都認得早晨表演的隊員，紛紛主動打招呼聊天。李牧師和Shelly探訪附近麵包店時遇見一位從大陸來的年輕太太。她母親是基督徒，小時候曾去過教會。她答應李牧師，會帶小孩子一同去造橋教會參加星期六晚上的聖誕慶祝晚會。

感謝主，教學後，原本嚴肅的五、六年級老師主動找Jessica和Morgan親切聊天。我們希望明天有機會向他們傳福音並邀來參加聖誕晚會。San姊妹到鄰近的洗髮店洗髮，了解老闆娘曾住在教會隔壁，並有朋友送聖經，就藉機向她傳福音。李牧師在造橋衛生所對志工的訓練「如何面對民眾與臨床關懷」，在頭屋衛生所針對民眾婚姻講座「創意的婚姻」，來了50個人左右，都有很好的迴響。

前方作戰　後方補給

Angela 和 Charlie 因廣受學生們的喜愛，收到了許多卡片，Shelly 和 Wei 被擁抱了好幾下。這幾天的教學，讓學生對神及耶穌基督有更深刻的認識。我們以聖經教英文單字，感謝主打開孩子們的心來接受祂。

大西國中校長對我們的英文教學非常重視，特地撥出三個小時的上課時間讓我們使用。隊員們全副武裝（穿戲服）上場打仗，用創意演出聖誕節的由來，同學們也用心聽這個故事。

從新竹來的尹醫生為我們奉獻了兩萬台幣作為下一個禮拜的伙食費；北門聖教會的林弟兄也為我們奉獻了烤麵包機和熱水瓶。

雖然沒有時間吃早餐，但每個人心裡火熱。到達大西國中後，我們首先介紹紐西蘭的風景和人文，同學們都很感興趣。在三個小時內，我們演戲、唱歌，把福音的信息用生活化的方式讓同學們知道。Angela獻唱了一首毛利歌，而三位男生表演了毛利戰舞"Haka"。課後校長特地邀請我們明年再回來，並要求增加次數與時間。

晚上隊員們被邀請到晨曦會福音戒毒中心，與10位澳洲短宣隊員一同去服事。這兒弟兄們唱歌不同凡響，他們把生命帶入歌聲中，唱出來的每一個字都帶有力量及盼望。雖然有些弟兄長相看起來很兇，但相處並聽了他們的見證後，很受感動，因為他們的生命因著耶穌而有重大的改變，並積極地尋求祂。

無畏挑戰發單張

今天分三隊,去發今夜的聖誕節晚會傳單。剛開始只是發給過路人,還不太敢主動敲門,但過不久,膽量大一點,就開始接受挑戰,發給這些大門深鎖後的人們。其中有些人接受傳單;有些聽到我們是基督教的就搖頭拒絕;但也有人給予我們支持與鼓勵,就像一位正在澆菜的婆婆,她說我們就像天使一樣。

晚上造橋教會舉辦聖誕晚會,小小教會擠滿110人,曾去教過的國小、國中同學也來與我們一起慶祝。尹醫生和家人特地從新竹趕到,給弟兄姊妹打氣,也帶來紅豆餅和薑母鴨當宵夜。我們認識了Robert(造橋教會弟兄),最後一晚,他捨不得我們走,特地來共度一晚。大家有說有笑的,吃了很多紅豆餅,聊到半夜才依依不捨地各自去睡覺。

主日敬拜中,隊員們一一分享了他們的見證並獻唱"Shout to the Lord"。三位大男生也應會友要求表演了一段"Haka"舞。在互留電子信箱和拍照後,才在陳牧師的催促下,趕去搭從苗栗造橋到高雄鳥松的遊覽車(感謝紐西蘭台福恩慈教會的陳慶成醫師,為我們奉獻45人座的遊覽車)。一路上,看到許多廟宇和偶像,深感台灣的百姓是多麼需要福音。

高雄鳥松來服事

在高雄縣鳥松鄉有一週的服事。牧師到高雄正修大學演講〈青年人的感情世界〉，走進校園內，迎面來了一群大學生，正在發他們聖誕晚會的傳單，上頭寫著「魔幻晚會──有惡魔的詩歌，撒但的救贖」。心中非常難過，他們不知道這是多麼地褻瀆神。

從桃園來到此地的海外青年使命團（Youth with a Mission, Taiwan），將在這次的聖誕晚會與我們同工，這實在是神的帶領。原本李牧師想邀請當地原住民福音團體，但時間不允許，於是神就安排海外青年使命團。他們為大家帶來默劇、見證以及用手語表演的歌曲。我們團員則演出〈一件禮物〉這齣戲。當天晚上有一位聾啞的弟兄受感動，另外還有2人立即決志信主。

打開車窗報佳音

鳥松國中的校長和老師並不反對我們傳講福音，教務主任也全程相陪。聖誕慶祝會同學反應熱烈，有的還跟Wei要E-mail。這次與青年使命團同工受益良多，不但學到他們服事的精神，也學會用不同的方法（手語、默劇）來傳福音。離別時依依不捨，也祝福他們「得人如得魚」，滿有

神的恩典。

大家都覺得今晚惟一的遺憾就是沒有報佳音，所以在回途中，把車窗打開一同開口大聲唱〈Christmas Carol〉，向沿途的人報佳音。

在鳥松國中教書最後一天，學生反應太熱烈了，被要求跳了三次"haka"！下課後簽名。校長來觀摩並頒感謝狀，還建議下次要提早安排，讓更多班級有機會上課！

晚上的茶會有30個人來，幾乎都是鳥松國中一年級女生。於是教男生跳"haka"，女生唱"Po karekare ana"（毛利情歌）。Charlie、Wei、Shelly和Morgan作見證。當李牧師呼召時，全部都舉手願意讓耶穌來愛他們！Charlie和Morgan還請了一些國一同學吃臭豆腐並和一位弟兄深談，感謝主，他們星期天都要來主日崇拜！

主恩相伴話再見

天下沒有不散的筵席。回程時，行李比來的時候還多！

主日禮拜時，每位隊員作見證。看到有四位鳥松國中的同學和一位同學的弟弟來參加主日禮拜，求主帶領他們以後的道路！

這次的短宣，經歷到神的恩典夠用，神的大能成就萬

事,願將榮耀歸給祂。每個人有不同的收穫,在信仰上有更深的成長。但願在往後的日子,都能像在短宣時一樣有傳福音的動力,在教會也有更好的服事,與神建立更深的關係!

福音天軍降寶島

4b 主愛無涯

■ 澳洲短宣隊

在嘉義東石教會（12/22～27/2003）

2003年12月22日，澳洲福音隊來到了嘉義縣東石鄉，晨更後就往隔壁東石國小與主任討論未來幾天互相配搭等事宜。東石國小就在東石教會的旁邊，設備齊全。在另外一個村子設有分校，我們目前正在接洽能否前去教課。

中午來了一位東石鄉東榮國中的劉老師為我們敘述國中的情況。說學校近年來風評不好，因此很多家長把孩子送到嘉義市或外縣市就讀，留下來的放牛吃草，其中較為棘手的為三年二班，不升學、不讀書，喜歡頂撞師長，其中有四位被稱為「四大天王」。

在國中教簡單英文句型，澳洲生活、文化、動物和創造論，最後要學生們回去思考：究竟這世上有這麼多的動物，都

是從哪裡來的呢？

回到教會後，去嘉義的朴子採買，晚上陳文逸牧師召集大家，一起禱告，並略述他如何來到東石服事。感謝神，讓鄉下這地方有一位忠心的僕人默默地耕耘。

再深思人性本善

一大早阿香師母就去確定東石國小教學的時間，大家為明天的聖誕慶祝會吹氣球，準備晚上開宣傳車出去發給在路上的孩子們。

再去東榮國中，Michael 講澳洲的歷史、原住民的傳統、文化和過去幾世紀來與澳洲白人之間的隔閡，最後留給學生的問題是：「從歷史上的例子，和我們生活的四周圍來看，究竟人性是本惡？還是本善？」許多學生回答：「人性本惡！」但最後我們導出結論：「人性本善但向惡，故我們都需要神的救恩。」教完後，馬上幫福音車裝上擴音器，開始在東石鄉的大街小巷宣傳明天下午的聖誕聚會，並發氣球給小朋友們，滿有趣的。

剛好莊澤豐牧師與師母來訪，帶給我們很大的鼓舞，一起在主裡有很好的交通，師母還帶我們到附近的一家便利商店買冰吃。

東石國小訓導主任來接我們去分校報到，在較為偏遠的村子，每年級只有一班。上課開始是自我介紹，並講"You Are Special"（你很特別）故事，從而帶出福音的信息，告訴他們每個小朋友在神的眼中皆是非常特別的。低年級的學生安靜、反應不錯，但對於英文比較不熟悉。中、高年級英文好，有幾個一直發問，最後用英文唱〈平安夜〉結束。

在東石國小我們很驚訝學生對耶穌的認識，相信陳師母就近作彩虹媽媽，種下福音的種子，願神使他們發芽結果。

聖誕佳節與衆樂

Michael and Rachel與陳文逸牧師搭福音車到街上用擴音器宣傳下午的聖誕聚會，很多孩子、大人、阿嬤跑來拿氣球，氣球上寫了「東石教會，耶穌愛你」。

今年（2003年）的聖誕聚會是在短宣隊到了東石以後才決定要辦的，竟然來了約三百五十個觀衆，大多數是小學生，主持人是香姑和Michael。首先由May帶大家帶動唱，小朋友大方地跟著蹦蹦跳跳；有遊戲，將七個裝紙條的氣球傳至觀衆，當音樂停時，請拿到氣球的小朋友上台將氣球踩破，若會回答紙條上的問題，就可得到禮物。幾乎所有的小朋友都答出來，沒有答出來的也可以請台下的小朋友幫忙，總是人人有獎。有一

題是「今天的主持人是誰？」小朋友居然說：「Michael叔叔和香姑姊姊。」讓我們哭笑不得。（註：香姑是牧師娘，長得不高；Michael是將近六呎的大學生。）

緊接著，由短宣隊演一齣戲〈一件禮物〉，這是從紐西蘭短宣隊學來的，就是──耶穌是神給我們最好的一件禮物，然而很多人因為忙、信心不足，或是其他種種原因，導致沒有辦法接受。May講她的見證，敘述她接受這份禮物，神如何把她從一位怕黑、怕鬼的孩子變成敢在光明裡行走的人。我們獻唱、短講，最後以〈耶穌祢疼我〉作結束。Rick扮演聖誕老公公發禮物，和小朋友們打成一片。求神繼續帶領，讓他們願意來到教會，也能夠有更新的生命。

唱歌演戲傳福音

聖誕節這天，短宣隊的行程相當緊湊且多樣化，第一站是東石國小，帶學生們帶動唱，演"You Are Special"戲劇，後由Michael講信息，告訴學生們兩個重要的功課：第一，多在人家的身上貼星星、少貼圈圈；第二，就像木匠覺得每一個矮人都是很特別的，我們在神、在父母、在老師的眼光中，也都是非常特別的。

趕到塭港國小，全校只有150人左右，卻給我們較長時間，所以在戲劇之前穿插澳洲動物的介紹並澳洲小朋友的生活，大家聽得很高興，也提問題。接待我們的主任是基督徒，在結束後一起感恩禱告。

在東榮國中進行第三天的教學，Eva and Myko教"You Are Special"，老師問學生們畢業以後想要做什麼，大部分的學生都說不知道，問學生故事的意義，有人說不可以輕看自己，雖然很多學生都不知道為什麼自己很特別，但他們都願意說是因為神愛我。Michael帶領生活查經活動，看看人性的真實面目，最後我們得到一個結論：「人皆是不完美的，所以我們都需要神的救恩。」這幾天福音的信息越帶越清楚，求神預備這些孩子的心，讓他們明天有安靜的心聽Michael的見證。

世態炎涼　主愛無涯

東榮國中校長請我們至「上好吃」海產餐廳享用晚餐，有很好的交談。回教會後，開始去報佳音。

第一個家庭是一位陳阿嬤，一個人住在破舊的鐵皮屋，獨自撫養殘障的孫子，生活相當清苦，得半夜起來剝蚵仔，我們為她唱詩、禱告，她相當感動。

第二個探訪的是龍伯伯，退伍軍官，獨自住在一個狹窄的

小巷子裡,他殷勤地招待我們,當為他唱詩、禱告到一半時,他突然感動大哭出來,我們繼續唱〈耶穌愛你〉,也邀請他星期天來教會。

第三個家庭是一位才喪夫的寡婦,與婆婆住在教會附近,有三個年紀尚幼的孩子,我們唱詩、祝福她。

當時在她家作客的一位阿嬤也隨即邀請我們去她家,這位阿嬤的丈夫剛因車禍過世,雖有四女一子,卻不在身旁,我們為她禱告時,她也哭了。這位阿嬤是天主教徒,求神幫助她能夠更懂得倚靠神。

第五個家庭是東石教會蔡弟兄,住在廟旁,父親患癌在治療中,因父親的病痛,他開始接觸福音,現在陳牧師固定帶他們全家一起查經。

第六個家庭是村長和他的太太蔡愛姊妹,她曾是東石教會同工,但因腳不方便,少來聚會,我們也為他們全家唱詩、祝福。

第七個是一位獨居的戴弟兄,做養殖蚵仔的事業,不多話,靜靜地聽我們唱詩,為他禱告。

最後一個家庭是阿源弟兄與兩個孩子,住在一個養殖蚵仔的工廠旁邊,歡迎我們為他來祝福。

雖已夜深,但我們的心仍是火熱。看到居民面對艱苦

的環境,求神用祂的愛來填補他們的心,讓他們每一天充滿了喜樂。

聖誕信息撒心田

今天我們請這個禮拜曾接觸過的國中生和小學生來教會。早上是給小學生的時間,來了三十一位,由May帶領唱詩歌、玩遊戲"Heads down, thumbs up"和聖誕乘法表,欣賞〈蔬菜總動員聖誕故事〉卡通,傳講聖誕節真正的意義不是在於拿玩具、禮物,而是幫助別人且紀念耶穌的誕生,希望孩子們能夠把這樣的教訓謹記在心。

中午請東榮國中的學生來參加,Eva見證她的感情故事,以及神如何安慰她受傷的心靈。Michael分享得救見證,用"2 Ways to Live"來解釋基督教的信仰。大家吃麥當勞,很多人留下自己的聯絡資料,求神幫助這些孩子們,有愛、有團契、有生命的成長!

5

■ 紐西蘭台福基督教會　Daniel Zhang

我的靈命改變了！

Taiwan Mission Trip
2005 Testimony

記得當龔牧師在2005年7月第一次向我提及台灣宣教時，我並沒有很認真去想它。我想，那花費很大，況且我已答應我最要好的朋友安迪要去美國旅行打工三個月。但很快我就改變主意了！

I can remember that when Pastor Gong first approached me for the mission trip during July 2005, I did not have a very positive attitude toward it. I thought it would cost too much money and I had already promised my best friend Andy to go on a work USA tour for three months. However, that attitude changed rather quickly!

空虛的心

在當時,我覺得我的人生不知如何往前去。雖然在教會有許多服事,又是青少契的主席,然而總覺心裡空虛,離神遠遠的。最使我沮喪的是,我明知道心裡空虛是因與神的關係不好,卻又不知道該如何親近祂。我為此事努力禱告、也認真讀經,但都不見效。到一個地步,我又煩又懶,感到一直禱告同樣的事,實在浪費時間。

At that point of my life, I felt my life was going no where. Although I was the youth group leader and served a lot at church, I just felt that I was so far away from God and so empty inside. The thing that made me feel most frustrated was that I knew the reason my life felt so empty at the moment was because of my very poor relationship with God, yet I did not know how to get close to God. I tried very hard, praying about it and also reading the Bible, but nothing appealed to me. And it got to the point where I got so frustrated and lazy that I felt praying about the same thing every day was just a waste of time.

渴望短宣

聽朋友說:短宣會改變生命。在茫然若失的情況下,

短宣是當時惟一的選擇。我知道傳福音是主耶穌頒佈的大使命,所以在為宣教的晚崇拜中,我舉手表示願意參加,當時心中充滿平安。

I had heard from some friends that a mission trip changes life. And at that stage of my life I really did not know what to do anymore and it seemed like my only choice was to give the mission trip a try. And after all, I did know that spreading the gospel is the greatest commandment from Jesus. So during that special mission trip evening service, I put my hand up to go to the mission trip and I just felt so peaceful inside.

怎麼跟父母說?

現在問題來了,不知如何跟父母談起,因為當時我們處得並不好,很多時候彼此都覺得很挫折。所以,我禱告:「主啊!如果是祢的旨意要我去宣教,請幫助我,給我智慧,知道何時向父母提出。」禱告後,我告訴他們去短宣的原因,爸爸回答:「Daniel,你知道自己迷失、又願意試著去尋回,這很好,但要知道,去短宣的理由要對,不然還是浪費時間。」爸爸的回答使我很高興,更感謝神給我這個機會,讓我恢復與祂的關係,願神的旨意成就。

Now, my next problem. How was I going to tell this to my parents? My relationship with my parents had not been very good during those times. I felt very frustrated with them and I was sure they felt the same way toward me often. So I prayed to God and said "If it is your will for me to go on this mission trip, then please help me out, and give me wisdom when I tell my parents." After I made that prayer, I told my parents the reason I wanted to go on that mission trip. And finally my dad replied, "Daniel, it is good that you realize something is missing in your life and you want to do something about it, but I just want to tell you that your attitude toward the mission trip has to be right, otherwise it will be a wasted of time." I was very happy to hear that from my dad and prayed to thank God for giving me this opportunity to get close to him again. And I also prayed that I would give myself to God during the mission trip and may only His will be done and not mine.

與父親的摩擦

那以後,許多不幸的事發生。最糟的是,我因超速,駕照被吊銷三個月,這不但使我心情跌落谷底,與父母的

關係也惡化到一個地步，當我離開奧克蘭要出發短宣時，他把我的非洲鼓扔在地上，沒有道再見就留我一人在機場。這真使我難過又無處可訴，只能自己承受，希望事情會慢慢有改變。

Following that, a series of very unfortunate events happened. The most tragic one was losing my driver license for three months due to speeding. This made me feel even worse than before and the relationship with my parents got worse as well. It got so bad to a point that when I left Auckland for the mission trip, my dad chucks my African drum to the floor and left me at the airport by myself without saying a proper goodbye, just because we had a little disagreement over how to pack my luggage. This made me feel very sad, yet I had no one to talk to; so I had to hold it inside and hope things would change.

認罪悔改

短宣的前半段，與父親糾葛的事使我心煩意亂，無所適從。一晚，飯後靈修見證分享時，龔牧師要我們謙卑在主前認罪悔改，不久，我大略地分享離開紐西蘭時和父親之間的衝突，請大家代禱，讓這事不要影響到我的事奉。龔牧師建議我打電話回去，我照做了，驚訝地發現父親的語氣非常溫和，原來他早就原諒我了，只是我還提不起勇氣道歉。

During the first part of the mission, the incident with my father was inside my heart and I felt very frustrated and did not know what to do. One evening after the dinner, we had a quiet time and sharing session. Pastor Gong was telling us to humble ourselves before God and not be afraid to say the word "sorry". Later on during the sharing session I shared about my bad argument with my father before I left New Zealand, but it was not in much detail. And I also asked everyone to pray for me to not let this restrict my serving God. Pastor Gong encouraged me to give my parents a call and sort things out with them. And I did exactly that; to my surprise, it seemed to me that dad had already forgiven me, as his tone of voice was just very calm and nice, so I felt so relieved. However, I still did not have the courage to say sorry.

我怎能作見證？

第一個禮拜，我被安排分享見證給一群功課不怎麼好的小朋友。牧師和領隊Rebecca要我與她參與分享時，我很快就答應了。我直覺讓小朋友知道耶穌基督如何改變我的生命是我的責任。當我分享這幾年來，與父母的關係越過越差時，突然感到自己罪惡極深，我怎能站在這裡作見

證?越感自己內心污穢不堪,就越覺父母愛我多深,我真對不起他們。

During the first week of the mission I was asked to share a testimony to a class that was not doing so well. When Pastor and Rebecca asked me to do the testimony with her, I was very quick to say yes. I did not know why but I just felt very obligated to do a testimony to them to share about my past and why I believed Christ and how He has changed my life. During the testimony, when I was telling them about how the relationship between me and my parents has changed over the years, I suddenly felt very guilty inside. It made me feel, How can I be up here telling them all these things when I am so filthy inside myself! And telling them the testimony just made me feel how much my parents really love me, and how much wrong I have done towards them.

體悟父母的愛

一個禮拜過去了,我們又有機會分享,我原想簡單講我參加短宣的原因、體會到傳福音的重要,以及這幾天,雖然身體疲憊不堪但神如何恩待我們。但當我一講到父母時就淚如雨下,五分鐘的見證拖到二十分鐘。終於,神讓我明白我錯了,父母是這樣愛我,我應向他們道歉。見證後心裡真平安。

A week passed and we were obliged to give a short testimony of what we had learned during that past week. Originally I was going to briefly tell the reasons why I came to the mission trip, how serving God has really been very sweet even though we were very tired, and how God has let me seen the importance of spreading the gospel. But when I talked about my parents, I just could not stop crying! And I ended up doing a 20 minute testimony when it was only meant to be 5 minutes long. God has finally made me realize what I have done wrong in my past and how much my parents love me, and that I should apology to them for all the wrongs I have done in the past. After giving out that testimony I just felt so relieved and peaceful.

信心更上層樓

這真是一次值得記念的短宣，我經歷了和神前所未有的關係，生命得改變，清楚許多以前矇矓不清的事。我信心更上層樓，凡事尊主為大，深信每日所需祂必供應。最後，我要感謝神，給了我這趟美妙的短宣之旅！

This mission trip really has been a memorable one. I really have experienced and got closer to God like never before. It has changed my life and sorted out lots of problems in my life that I was not able to fully realize. And God has really made me realize and truly understand what it means to have faith in Him, always put His will as the priority in our lives and He will sort out all our personal problems and provide for our needs. And lastly, I just want to thank God for such an awesome mission trip!

第四章
專業講座

這些年來,
神在台灣興起許多專業團契,
相信這是聖靈的工作,
要使它們成為教會與社區、學校的橋樑。
而我們,應該是這「專業」的管家。

■ 愛恩台福基督教會　友尼基

1 回饋故土的另一種方式
健康、科學講座

飲水思源　回饋故里

　　五十幾年前（1953年），林華山醫師以全校第二名畢業於台中縣大里鄉大里國小，這幾年來一直想找機會回饋母校，今天終於如願以償。

　　我們被邀請來講「禽流感」的預防，校長也希望這位傑出校友能給小朋友一些勉勵。他找出許多已經發黃的陳舊相片製作成PowerPoint。看著他當年打赤腳（沒鞋穿）、走「田橫阿路」、騎「鐵馬」、吃「枝阿冰」、坐「大卡車」去日月潭……小朋友哈哈大笑，又看他穿著台中一中的制服、穿著海軍軍官又

高又帥的軍服,站立在他服役的大艦艇旁邊、作醫學生解剖拿個骷髏頭……無不目瞪口呆,嘖嘖稱奇。

照例講禽流感的預防後,當由醫師娘帶入福音。校長坐在林醫師的旁邊,馬上對他說:「學生聽不懂。」好在醫師娘有備而來,準備了用英文填台語作詩來學單字,又帶小朋友唱英文歌,大家熱鬧一番。沒想到學校安排小朋友上台獻花、校長獻禮物又獻獎狀,真是風光一時!這也完了林醫師的一樁心願。

苗栗縣頭屋鄉 頭屋國小

800名師生把大禮堂擠得滿滿的,我們早就被警告不准講福音,但當醫師娘把蠟燭點燃時(道具),那800雙專注的、渴慕的眼神,怎能叫她不講宇宙萬物的造物主呢?帶唱英文歌,老師、學生一齊來。果然主任很認同我們基督徒奉獻的心志。願意把我們的講座列入學校的行事表,也邀請短宣隊來辦暑假品格雙語營。

宜蘭縣壯圍鄉 公館國小

300名師生。一場「禽流感」的講座,這裡的小朋友是我們到目前走過最聰明的一個學校。壯圍所有的國小

每年都有輪辦聯合英語比賽，所以英語風在這裡非常盛行，很是競爭。

一場〈少年人的煩惱〉，林醫師用盡了將近全部的時間，使得醫師娘只能快速地用斧頭、釘子及雨傘（道具）示範，如何尊重自己，而把原先智慧者的創造論給跳過了。回來後正後悔沒控制好時間，壯圍教會劉牧師才告訴我們，教務主任不歡迎外國人（基督教福音隊）來教英文，一直想找把柄，試以傳教為理由反對我們短宣隊進來。沒想到神控制了時間，為我們留下一步。

苗栗縣頭屋鄉 頭屋國中

全校師生300人集合在大禮堂，頭屋福音中心的同工勞弟兄一齊來幫忙，臨時學校要求我們講「愛滋病」。過去幾年來的經驗，知道國中生的態度愛理不理的，帶不動。林醫師用很淺白且不加修飾的言詞和圖片，講解人體構造的奇妙、同性戀的性行為、亂交帶來的疾病等，終於引起學生們注意。

宜蘭縣壯圍鄉 中道中學

1,000名學生因受場地及時間的限制，只好分批並挑選有興趣的同學約350人在視聽室聽「複製人」。在座的教務長是

學生物的,會後和我們互換意見。他建議我們染色體用「棒子」代替「油條」;DNA用「Zipper」代替「童子軍繩」。不過我們覺得還是油條來得更戲劇化,畢竟,哪會有人想到把油條拿來作道具。

宜蘭長老教會

這間教會是馬偕博士於1882年建立。我們夫婦是何等有福氣,在這有歷史性的教會有四堂事奉,主日講台林醫師向會友挑戰,秉持先賢宣教的異象下鄉去,地極就在後院。

教堂一樓的「葡萄園咖啡屋」是宜蘭長老教會開辦的。專門提供給年輕人及社區人士駐足停留,是一個可閱讀、可談心、可暫歇的溫馨小園地。熱騰騰、免費的咖啡更是讓人窩心溫暖,直覺是一個家。我們在這裡開一堂「禽流感」的福音講座,有2位聽眾當場決志。神的憐憫,讓我們在最後一堂嘗到得靈魂的喜樂,結束兩個月來的巡迴健康講座。

國立宜蘭大學

應用經濟學系黃教授開一門選修課「聖經與人生」,請

林醫師講「複製人」、莊牧師作生命的見證、醫師娘則講「從聖經看創造」。能在這80位大學生面前公開傳福音豈能裹足不前？這是第一個大學的門開了。

桃園縣中壢市 國立中央大學

應機械系鄭教授之邀，在「聖經與人生」這門選修課中為他們講〈生命的奧祕〉。

這是一群由基督徒教職人員組成的團契，他們向學校申請開聖經課，這個模式已擴展到十來所大專學院。這扇門可成為北美許多博士或專業基督徒回來服事的一個途徑。我們在教職員團契裡分享一起「來作夢」，**作「福音遍傳的夢」──在有生之年看到台灣基督徒能達到10%。**

上課前，我們被警告「同學們會打瞌睡」，感謝主，我們使用道具、台灣國語、穿插笑話，同學們也漸漸被吸引，最後邀請大家低頭禱告時，竟然沒有一個不謙卑低頭接受祝福禱告。（附加：2007年再以〈快樂的追尋〉為主題與一百多位同學分享，從生命的奧祕帶入認識宇宙的真神，只有回到造我們的神，在耶穌基督裡才找得到真正的快樂。醫師講完，學生也漸漸夢周公去了，醫師娘則以演一小啞劇來回應。此時無聲勝有聲，竟把他們給「吵」醒了，他們一個個瞪著大眼睛看醫師娘

到底在演什麼把戲,福音也就帶進去了。)

花蓮國立東華大學

講「複製人」,聽眾將近100人,同學反應熱烈。由溫英幹教授帶領,事先知會我們不要呼召,因為曾經有被告的事發生——罪名是利用學堂來傳教。感謝主!還是技巧地把福音講了,只有把結果交託給神。

2 健康講座在廟宇

■ 愛恩台福基督教會　友尼基

【寫在前面】

2001年夏季,北美短宣隊來到台灣中部的彰化田尾、彰化北斗,年輕的大學生進行國中、國小的美語營之外,成人隊中林醫師被當地鄭祚滕牧師帶到廟裡辦健康講座。從此以後連續幾年,看到神的帶領,除了進入廟宇也深入學校、社區中心、衛生所、社區長春大學、醫院。

＊・＊・＊・＊・＊・＊・＊・＊

2001年夏季在彰化縣田尾鄉田尾教會

立委夫人幸香姊,因先生曾在彰化一帶競選,這是她的地盤,除了帶著探訪隊傳福音給她的「柱仔腳」(樁腳)之外,更入鄉隨俗,用宣傳車大聲「放送」(廣播)醫療講座,吸引村民注意。

禁食禱告後，短宣隊進軍三山國王廟、真天宮廟，村長親自在廟裡用廣播器「放送」：「美國回來的醫生開健康講座！」五、六十人陸續進來，一齊唱〈耶和華祝福滿滿〉。林醫師使用PowerPoint圖解各種疑難雜症，圖片清晰明瞭，深入淺出，視圖識病，並善用鄉土話參雜民間笑話，在輕鬆中帶入勸誡警告，並提醒村民，人人都有一死。緊接著，由醫師娘從講座的主題帶入人的軟弱無奈、無助，立志行善由得我，只是行出來由不得我。人的罪、恩典的預備和永生的盼望。感謝神！醫師娘講福音時，高高在座的神明也在聽！沒有人因聽見耶穌而提早離席。我們還帶會眾唱譜上福音詞句的〈燒肉粽〉呢！

　　夜晚在會友開的「正實孵蛋場」（彰化縣北斗鎮）前面空曠地，有一堂健康講座。說來好笑，一家全是「公」（工）人在孵雞、鴨蛋的孵蛋場，講「查某人」甭生蛋的更年期。在月光下，投影機的燈光吸引了不少蚊子、蟑螂和叫不出名的飛蟲，在銀幕上飛來飛去，醫師娘一手操作電腦，一手拍蚊子。人能用卵再造人，卻管不了一隻蚊子！

　　講座當中來了一位姊妹，受鬼魔捆綁二十年，從台灣頭拜到台灣尾都無效，發作時全家不得安寧。講座結束後，莊牧師、師母及兄姊合力禱告，奉主名趕鬼，鬼怒

吼:「我在她裡面二十年,為何要出來!」趕鬼過後,緊接著幾天的跟進陪談,家人看著神奇妙的作為和在她身上的改變,全家七口都受洗,歸入主名。(短宣隊離開到達台南時接到電話,北斗還有被鬼附的乩童風聞而至,上門求救。)

2002年夏季在彰化縣芬園鄉芬園教會

在德興宮廟裡有一場健康講座。社口村是芬園鄉福教會楊寶綢傳道的家鄉,對基督徒極不友善,這些「老大人」(長輩)拒絕坐在我們安排的位置,背向著我們。麥克風被鎖起來,key被換掉等不便的事發生,楊傳道盡量不計較。當我們開始放PowerPoint以後,才漸漸吸引他們的注意力,看看這美國來的醫師賣什麼膏藥。結束時發給每一個來的聽眾小禮物,順便填寫回應卡,一則有跟進的機會,二則得向衛生所報備。

晚間的健康講座在竹林村的活動中心,來了將近七、八十人,與在德興宮廟的反應有天壤之別。掃羅殺死千千,大衛殺死萬萬,醫生娘殺死百百!蚊子之多,此生不曾見過。志工去買蚊香,蚊子聞香後開始「殺迷殺迷」(迷迷糊糊),於是像「大珠小珠落玉盤」,死傷累累。每個人都擦了防蚊膏又噴防蚊劑仍會掛彩……在頸後(一個想不到的地方)。

在土地公廟前,午後通常有許多「老大人」到這兒的兩

棵大榕樹下乘涼、聊天。大白天Power Point用不上，趕緊製作大掛圖，又請台中聖教會李進財弟兄作見證及唱民歌，甚得在場觀眾的認同。早晨下點小雨，迫切為天氣禱告，果然等到晚上才颱風雨大作，再次經歷神奇妙的大能。

在廟裡傳福音又遇到下雨，心中有一種競賽的感覺，就好像以利亞和拜巴力的先知在迦密山上，比賽誰的神才是真神。

神明有知

幾場的講座都在廟裡，廟宇本身的建築輝煌耀眼，色彩明亮，在這樸實的鄉間十分醒目。各牆上進門處有地方名士捐獻留名、政客留言。但是「神明」所在，為什麼又髒又亂？（幾乎每到一廟得先掃地、擦桌椅），廟裡的道具更是灰塵重重，雜亂成一堆！有如廢墟般湮沒在蔓草間，顯得荒涼。神明昔日如意得寵，如今上香的人寥寥無幾，豈是不靈？抑是拜拜「有時有陣」？「初一十五」？神明有知何等無奈！

在這價值觀紊亂的社會裡，人們看不清真價，被撒但用暫時、眼見的利益誘惑著。經上說：「人若賺得全世

界,賠上自己的生命,有什麼益處呢?人還能拿什麼換生命呢?」(馬太福音十六章26節)又說:「他們……做工的果效也隨著他們。」(啓示錄十四章13節)宣教,將永恆的生命「報乎人知」(周知眾人)才有永恆的價值。

2002年夏季反毒宣傳在彰化縣芬園鄉

反毒宣傳是教會與衛生所和鄉公所合辦。在公園搭舞台、設音響、燈光、租椅子、有獎問答。衛生所所長、十來位志工、芬園鄉鄉長黃女士等都到現場贊助。黃鄉長上台呼籲芬園鄉要永遠和毒品劃清界線,看到教會支持反毒工作感到非常欣慰。

配合反毒宣傳,衛生所派來了專車為民眾服務。有口腔、子宮頸抹片等檢查。晨曦社陳景星傳道帶領一隊戒毒者來見證分享,他們身上的刺龍刺虎都標誌著過去在毒海中翻滾的日子、痛苦的夢魘。今天站在眾人面前,儼然是一個新造的人,是神奇妙的大能改變了他們。

短宣隊長佩潔所導演的一齣反毒劇,既幽默又發人深省。尤其是演員的演技逼真,像是過來人(吸毒者)。台詞更是臨機應變(吸毒後的幻覺亂語),就地取材(白粉是在小巷子購得的太白粉)。莊牧師作主持人,比他在美國講道時更「釋放」,為

觀眾介紹隊員：林醫師被介紹為「教授」，我則是「教授夫人」，真是滿載而歸。林柏州弟兄出差到台灣做生意，不忘前來助陣，會後大家一起手牽手在環保公園獻上感恩，並為芬園這地祝福禱告。

芬園鄉有著嚴重的吸毒問題，在鄉間的社會裡很難容納戒毒者，於是教會成了他們的避難所。但這些人看來仍是無精打采，恍恍惚惚的樣子。吸毒真是一生的遺憾！

3

■ 愛恩台福基督教會　友尼基

不入虎穴
焉得虎子

佛教大學、佛教醫院、民間機構也開了門

花蓮佛教慈濟大學

在花蓮佛教慈濟大學由陳教授帶領的通識教育課，林醫師講一堂「複製人」，他們2006年通識教育的主題是「基督教概論」。在佛教大學介紹基督教不無爭戰，2004年慈濟大學第一次開課，招到五十來個學生，隔年2005年人數不足（不能少於5人）沒有開成，今年2006年勉強招到7人，才又開課。慈濟的勢力是有目共睹的，尤其花蓮可說是他們的聖地，遊覽車接二連三、善男信女成群結隊，已成為一朝聖地、觀光點。學生、教職

員、志工都穿制服，可見他們的影響力多強。不是沒有基督徒在這裡，只是都相當低調，在這裡沒有一般的基督徒教職員團契能在屬靈上做帶頭的工作，所以要找出基督徒學生就更加困難。

陳教授是主修人類學、遺傳學，換言之；他是教進化論但相信創造論，在堂上利用學期的最後兩週介紹創造論，讓學生們有個比較，實在是傳福音的好機會。相信神把他擺在這異教環境當中一定有祂的美意，我們鼓勵他為基督站穩腳步，不以福音為恥。

宜蘭縣壯圍鄉 佛教普門醫院

佛教普門醫院是一家精神病院，壯圍教會有一會友住進這裡。我們和年輕的教學隊一齊在這裡同院友歡慶聖誕，有音樂同樂和「生命奧祕」的短講。這裡像是與社會隔了一道牆的另一個世界，一道一道上鎖的門，鎖著一群被判定是「不正常」的人。除了和他們唱歌同歡樂以外，我們把福音清清楚楚地解釋給他們聽，並教他們如何禱告，又教他們講一句萬國萬民皆通的「哈利路亞」。相信在他們心靈深處也一樣需要主。讚美主！

台中市 中華電信股份有限公司

　　林醫師的表弟楊先生是中華電信股份有限公司的處長，安排我們對員工講一場心臟病及癌症的防治。這是第一次在民間機構開健康講座，只是被要求「純講座」，當然，我們還是很有技巧地講了福音。

　　會後，一個員工近前來開口就說：「你們是基督徒！」感謝主！這是我們來的目的，不管是被看出來或聽出來。原來他也是，我鼓勵他把基督徒找出來組織團契，使用夏忠堅牧師為上班族編的材料，每週相聚，不以身為基督徒為恥。

　　假如每個基督徒能像慈濟志工以穿制服為榮，我想**福音不難傳，只是生活要相稱**。

4 誰是我的弟兄？
台灣工福2004年冬季短宣

■ 愛恩台福基督教會　友尼基

【寫在前面】

　　愛恩教會的台灣宣教到2005年是進入第五年。從剛開始「矇槎槎」（茫然無知）地憑著信心，由莊澤豐牧師帶隊就「潦落去」（一頭栽進去），到後來北美、紐西蘭、澳洲許多教會的投入；從第一天的100個「細漢仔」（小孩子）擠在三樓透天厝，到今天表演變魔術給1,200個國小學生坐在學校大禮堂看；從一個小朋友以為神是玉皇大帝，到一個坐輪椅的老婦人插上一朵剛學做好的胸花，露出她幾年來不曾出現的笑容；從台灣人到外勞……步步看到「人佇做，神佇帶」（人在做，神在帶）。

　　2004年冬季，我們嘗試與台灣工業福音團契（簡稱「工福」）搭配做外勞事工，謹將日記摘錄一、二，與你分享。

＊‧＊‧＊‧＊‧＊‧＊‧＊‧＊‧＊

11/23/04 主耶穌所尋找的一群人

今天到台北縣新莊福音中心去找文巧屏傳道，了解工福在新莊的事工。八〇年代這裡是勞工的極盛時期，曾幾何時，工廠往大陸、越南尋求廉價勞工，導致工人失業，而政府沒有跟進做技術訓練的輔導，以至於產生許多社會問題。工福的事工也因著社會型態的改變而轉型，改成部分專注個案和弱勢家庭的輔導。

跟著文巧屏傳道去探訪「會友」，其實也是「個案」。進入傳統菜市場，去看一位擺早市的年輕太太，她趁著街面商店未開門之前，借店面擺攤位賣乾料，人家店門一開就得收攤。我們趁著沒有顧客的空檔，站在那兒與她話近況、談福音，離去時為她祝福禱告。再穿窄街走小巷到另一市場找一位在二樓賣肉的單親姊妹，又去菜市場找一位賣菜的弟兄……這些百姓生活艱苦，每一個個案的背後都有一段辛酸史，可佩的是，他們不被貧窮打倒，努力討生活。

下午去私立中英老人養護中心，這裡住的是一群無助的老人；一部分長年臥床，一大半被綁在輪椅上。有精神不正常喃喃自語、有兩眼痴痴的望著你、有任口水直流而欲語難言的……文傳道每週二來到這裡，陪他們讀聖經

（用兒童聖經），放台語詩歌（她自己不會講台語），靠著聖靈的大能和無比的愛心，兩年後的今天，有十二人受洗。今天新莊台福教會蔡秉憲牧師帶領教會同工一齊來為這些被遺忘的一群施洗。心靈和誠實的敬拜，不在華廈美屋中，不在衣冠楚楚的紳士淑女中；卻在……

這是社會的另一面，不是人不知，乃是不願意去面對，他們就是當年主耶穌所尋找的、生活在一起的一群。回來後，心裡真是難過，如果主耶穌今天活在我們當中，祂會在哪裡？

11/27/04 探訪弱勢家庭

今天北上桃園縣中壢與印尼籍的張仁愛傳道一齊去探訪一個弱勢家庭，丈夫常酗酒、毆打印尼籍的太太，導致她精神失常。在家帶著四個孩子，到處髒又亂，椅墊比地上還髒，孩子們污頭垢面（據張師母說，這些家庭是連社工都沒辦法的才轉來給他們）。看到我們來到，小孩子從屋裡跑出來抱住張傳道和師母，高興得又叫又跳，他們也緊緊地回抱著孩子，可見孩子們多渴慕他們的來到！傳道講故事，師母帶唱歌。突然間，唸國二的二女兒悄悄地走過來坐在林醫師的腿上，雖然一身髒、流鼻涕，林醫師還是雙手環抱著她，看她高興地跟著唱歌、聽故事，享受難得一小片段有愛的時刻。我問傳道：「為什麼不

請附近的教會來關心？」「當然請過，只是教會不肯接受外勞。」傳道無奈地回答。老大已經是國三了，還不識字。

傳道夫婦每個月來，開一部已經三十三萬英哩即將報廢的老爺車，為了這四個孩子，不願第二代重蹈覆轍，不嫌路遠。這些混血兒就是將來另一類族群的「台灣人」。許多的不捨與不滿，也抵不住現實的無奈，我們必須回去……

傳道的家是一個避難所，收容一個逃避家人逼迫他當乩童，三次自殺未遂的青年人翁先生；一些被毒打、遺棄的印尼新娘，他們在這裡找到了耶穌基督的愛，得以開始新生活。師母對印尼的回教徒有負擔，帶領不少人歸向基督，他們不能公開自己的信仰，免得家人在印尼家鄉受逼迫。

12/03/04 「工福」在萬華區的事工

12月的台灣應該不是颱風季，今天卻有四十年來冬季罕見的南瑪都颱風。因和工福蔡國山牧師夫婦相約去看工福在台北市萬華區的事工，所以還是照計畫前去。萬華，有一大片的國宅和貧戶，每戶人家擠在不到十五坪的空間，每一棟除有公設廟寺供祭拜外，還有無數私設神壇，

但就是沒有教會！住的是無業街友、掃街工人，吸毒、弱智、殘障比比皆是的基層百姓。工福經學校委託，在這裡有無數的個案。

我們冒雨穿梭在小街窄巷裡，不能打傘，因為打開的傘會被巷子卡住。無蓋的排水溝旁鐵皮搭成的違章建築，門窗緊閉不見天日，小雞養在牆角，母親帶著兩個孩子睡在4呎×5呎的小空間，手中六個月大的小女嬰沒有正名的父親，沒有浴廁，蔡師母關心他們幾年了⋯⋯敲開一個遊民的門，屋中沒有電，天天活在陰暗中；訪一戶住在四樓的，要走過無數看來像垃圾的堆積物，小心頭頂的曬衣和吊著的大小包，這是一個正作月子剛產下第九胎的輕度殘障39歲單親，四個孩子在身邊，其餘的被政府強迫放在寄養家庭。在談話中，知道兒子因為幫派互鬥，被殺一刀躺在醫院裡，警察要調詢她，奈她無能為力。她的一個讀國二的兒子經蔡師母關心，已經帶領了五年，是一個成功的個案。現在他常常讀經、聚會，還會幫助殘障的母親理家。

除了關心個案，「工福」與幾個大專團契搭配在國中、國小開雙語營、籃球營，帶同學到大安森林公園玩遊戲，甚至到個案家庭清潔打掃。義工媽媽作彩虹媽媽講故事、到安親班講福音。整個台北萬華區有十二所學校，目前「工福」已進入五

所國小和四所國中。

教育不能改變人心、社工也做不來,只有借助於教會。可悲的是,沒有多少教會願意投入。

12/20/04 台灣福氣教會

北美南加州愛恩台福教會一支「福音魔術隊」應台灣工福桃園、新竹、苗栗區張仁愛傳道之邀,與這區的百姓歡度聖誕節。

張傳道用美國來的魔術隊打開了自立國小學校的門。今天全校從幼稚園到六年級一共是1,200位小朋友,分四個梯次,從早上一直到下午三點才結束。我們變魔術、演木偶戲介紹聖誕節(想不到許多小朋友以為聖誕節是聖誕老公公的生日),唱歌、講故事穿插信息。後來發現教務主任本身就是個魔術迷,為建立關係並預留以後的機會,魔術師傳了幾手「天機不可洩漏」的手藝給他。

教務主任介紹「台福教會」是「台灣福氣教會」。是不是神要藉外邦人的口來預言台灣要得到屬靈大復興?學校注重英文也鼓勵學台語,在進口處的佈告欄中發現有這麼一首台語詩:「冬節到了挲紅圓,規家大細來團圓;圓仔燒燒閣甜甜,規碗呷落等過年。」(大意:冬至到了搓紅圓

仔,全家大小來團圓,圓仔燙燙又甜甜,整碗吃下等過年。)

12/23/04 古舊家園,古老福音

　　天漸黑,還有一場聖誕慶祝會在苗栗縣九湖村。車子開在羊腸小徑上,一直到開不進去為止。徒步扛道具來到一個四合院,途中一位阿婆看到張傳道,高興地打招呼,露出她稀疏的幾顆黑牙。這裡是客家人家,有不少印尼新娘,都是師母關心的小妹(她們看師母是大姊)。這家印尼新娘略懂客家話還炒了一鍋道地米粉請我們吃。張傳道自備室外燈、利用一面白壁開始放電影,村民聞聲見光漸漸走過來,老人、小孩、背嬰孩的婦女,穿拖鞋、坐長凳、蚊子⋯⋯我們帶來了一棵聖誕樹,裝上亮麗的彩帶,點上一閃一爍的走馬燈,小朋友馬上開心得跑過來。開始變魔術、演短劇、送禮物、傳那「古老」的福音,頓時給這「古舊」的四合院帶來了一點生氣和生命。

　　「我實在告訴你們,這些事你們既做在我這弟兄中一個最小的身上,就是做在我身上了。」(馬太福音二十五章20節)

12/24/04 台北火車站

　　台北火車站,二樓商店及美食街全是外勞的天地。一家很大的印尼快餐廳,老闆是印尼人基督徒,一度曾離開信仰,後

被張仁愛師母尋回,現在開放餐廳的一部分作教堂,每個禮拜天有印尼語主日敬拜。

　　北美短宣隊來報佳音,他們早已在空闊處擺好一百張椅子,張燈結綵的聖誕節佈置,音響、樂器、招待等聚會場面已就緒。我們先享受了餐館招待的印尼菜,還是辣!(在贈送給我們的晚餐便當中,連飯也辣!)音樂響,遊客漸漸過來,從銀幕上看到印尼文,只要會英語發音並不難唸,所以我們也能跟著唱印尼歌,只是不明白其中的意思。短宣隊信昌兄的魔術表演,引來了許多好奇民眾圍觀。張仁愛傳道趁勢用印尼話短講,看他比手畫腳地講,在場聽眾跟著笑,這就知道他們是聽進去了。藉著演〈一個聖誕夜〉,由張師母翻譯,傳達了聖誕節的真意義。在人人有禮物的歡樂中結束了向印尼人報佳音。

桃園觀音傳福音

　　桃園觀音的夜市是泰勞假期小聚的地方。每到週末夜晚,有成群結隊的泰勞聚在街頭,他們愛唱歌、好酒成性。今晚,有上百人來看我們的魔術表演和短劇。張傳道傳福音時言詞嚴厲地向他們挑戰,信耶穌遠離酗酒、貧窮。呼召時有7個人站出來願意接受主耶穌作他們個人

的救主。

12/25/04 跨文化宣教

張傳道去桃園觀音帶一批泰勞和昨天決志的7個人,來參加今晚在中壢福音中心的泰勞聖誕晚會。早已領教過泰菜(辣!),所以先飽腹再去。看著一副副黑亮面孔、大大眼睛、消瘦身材的年輕人,為求更好的生活,遠離家鄉來到台灣。今夜,他們選擇來聽福音,神啊!願祢得著他們!張傳道講道呼召,有12個人站出來決志!哈利路亞!

「當耶和華將那些被擄的帶回錫安的時候,我們好像做夢的人。我們滿口喜笑、滿舌歡呼的時候,外邦中就有人說:耶和華為他們行了大事!耶和華果然為我們行了大事,我們就歡喜。」(詩篇一二六篇1～3節)

是的,耶和華行了大事!印尼人離棄回教,泰國人、越南人離棄佛教,歸向耶和華真神!願榮耀歸給神!

「菲」、「越」、「泰」(國籍)愛台灣!同是天涯淪落人,同在他鄉作異客,「美勞」(美國福音隊)傳給「印尼新娘」、「新造的台灣人」(混血兒)那「古老」的福音。只因神的愛,我們都是一家人。這是短宣隊在「工福」隨中壢張傳道一週來的體驗。

聖徒的哭泣

看到2004年10月號《大使命》中的〈今日聖徒的哭泣〉一文，心有戚戚焉。耶利米為同胞、為百姓的災難、不幸、墮落，充滿了沈重的悲傷，流露出無盡的悲天憫人的情懷。他宣告神的心意和即將來臨的審判，聲音帶著嗚咽，目睹同胞於水深火熱情形，滄然落淚。

禱告沒有能力，是因為我們對外邦人的靈魂沒有多少情感，沒有負擔。

在許多無奈的情況中，面對著無知、無情的對待，他們哭泣，卻不退後，因深信「一粒麥子落在地裡死了，必會結出許多子粒來」的應許。

「工福」服事這一群被遺忘的難民，他們的事工真是苦又難，又見不到天藍。但他們憑著信心的眼睛去看那無助、痴呆的臉孔，用愛心的耳朵聽到啞口無言的呼喚。領受主的呼召，往他們那裡去，把福音傳給他們。

懇求恩主感動我們，願為主擺上更多……

第五章

監獄傳道

「因爲在這城裡我有許多的百姓。」
（使徒行傳十八章10節）

是的！
甚至是在監獄。
他們不能出來，我們卻能進去。

短宣行蹤

- 基隆　○ 台北市（三芝、士林）
- 台北縣（土城、板橋）
- 桃園縣
- 彰化縣
- 雲林縣
- 嘉義
- 台南
- 高雄
- 屏東
- 台東綠島
- 花蓮
- 宜蘭
- 澎湖

1

■ 愛恩台福基督教會　莊澤豐牧師

照亮坐在黑暗中的人

愛恩教會詩班2006年秋季巡迴台灣十四間監獄音樂佈道感言

2006年初，在愛恩教會默默服事多年的台語詩班，燃起返台宣教熱忱，神不但將福音的負擔放在團員的心中，更奇妙的乃是神自己一路引領，開了一扇寬廣的門，讓我們在兩週內進入十四間監獄、安養院、企業、教會，以詩歌、見證、短劇、信息佈道。「因我們神憐憫的心腸，叫清晨的日光從高天臨到我們，要照亮坐在黑暗中死蔭裡的人。」（路加福音一章78～79節）

記得第一場赴台北士林看守所，經過重重鐵門，終進入會

場,當詩班正會前禱告敬拜時,忽見多位女班員在哭泣,原來是看見一排女受刑人魚貫入場,年齡卻都是十幾、二十歲,叫人看了真是心酸。神啊!為什麼會是這樣呢?經過兩小時賣力演唱,講完信息呼召時,感謝神!竟然大部分受刑人都舉手,願意接受耶穌為救主;團員們的心,也因參與如此有價值的事奉,被神提升,感到無比的振奮。

神向保羅說:「我差你到他們那裡去,要叫他們的眼睛得開,從黑暗中歸向光明,從撒但權下歸向神⋯⋯」(使徒行傳二十六章18節)。實在無法想像,那一張張死氣沈沈的臉龐,當詩歌飄進她們心扉時,竟溶化了一顆顆冰冷的心,從冷漠、茫然的眼神,逐漸綻露開朗的容顏,隨著詩班唱起來!「我們爭戰的兵器,本不是屬血氣的,乃是在神面前有能力,可以攻破堅固的營壘⋯⋯又將人所有的心意奪回,使他都順服基督。」(哥林多後書十章4~5節)此行深深體會到「有主的帶領、周詳的預備、同心的禱告、聖靈的能力」是事奉得力的要素。

第二天桃園女監,一千多位女受刑人,來了450位,坐滿禮堂。在〈奇異恩典〉旋律飄盪中,看見女犯們頻頻拭淚,女副典獄長在結束致詞時,已淚流滿面,主啊!祢的作為何等偉大。此後,蒙神一路帶領,經基隆、宜蘭、花

蓮，跨海至綠島、再繞經台東、屏東、抵台南監獄，每一場佈道都看見聖靈奇妙同在，無怪乎，詩班返美後，每位都興奮地說：「實在太棒了！太有價值了！我還要再去！」

　　先知預言耶穌的服事：「壓傷的蘆葦，祂不折斷；將殘的燈火，祂不吹滅。」（以賽亞書四十二章3節）在這撒但掌權的世代，世人若非神的保守，無力勝過魔鬼網羅（色情、錢財、疾病、仇恨等無情攻擊），人的生命就像空心的蘆葦，禁不起風一吹，便折斷。然而人失敗，神卻不失敗！祂早就為世人預備十架救恩，只要人肯回頭，歸向祂，不論何景況，神都伸開雙臂擁抱。誠如我們每場演出的短劇（浪子回頭），當浪子回家，跪下喊聲「阿爸」時，看到男受刑人幾乎都忽然低頭（可能是怕被人看到眼眶的淚水），而父親的心，永遠是無條件的愛與接納。

　　一樁罪案背後，常隱藏複雜的前因後果（成長背景、社會影響、犯案動機等），不是三言兩語就能帶過；每位受刑人背後，也有一群被害人、受苦的家人、失望的親友。當看到一批一批手腳滿是刺青、光頭、拖鞋、灰短褲的受刑人，很多團員禁不住落淚，一位姊妹說：「他們如早聽到福音，可能就不會關在這裡，浪費生命！」耶穌說：「人子來為要拯救失喪的人！」祂永遠是在黑暗中死蔭裡的人的盼望。

以賽亞聞主聲:「我可以差遣誰呢?誰肯為我們去呢?」(以賽亞書六章8節)請為愛恩詩班禱告,求神幫助我們能走遍台灣五十多間監獄,將耶穌救恩、生命盼望,撒遍那黑暗的心田,將一切榮耀歸主名。

(編按:據2007年 5月2883期《教會公報》登載,桃園女監65人受洗,見證聖靈大能。)

■ 愛恩台福基督教會　鄭武宏

2 壓傷的蘆葦，將殘的燈火
2006年秋天台東綠島監獄短宣感言

生平第一次進入監獄，實在大開眼界，感觸良多；看到聖靈的奇妙作為，感受更深。

監獄表面上看起來，就像電影所見的——層層關卡，厚重的鐵門。當第一扇門關了，第二扇門才能開。環境看起來清潔整齊，但進去後，看到犯人的寢室，幾個人住一小房間，馬桶就在旁邊，睡覺、用餐、上廁所都同在一個地方，看了心裡很不好受。

在台東綠島監獄看到兩個犯人，兩腳被銬上粗如手指的鐵鍊，扛著大背包，彎腰駝背，不知他們到底犯了什麼重罪，不

禁替他們感覺心痛；也看見幾個十歲左右的小孩關在監獄內，更令人感到心酸，我很想去了解他們的遭遇和感受。

受刑人列隊進會堂參加音樂佈道會時，大多面無表情，一副滿不在乎的樣子，好像根本不相信我們能做什麼。但是當唱了詩歌、看了短劇、聽了見證、講道之後，可以明顯地看見，聖靈在他們心裡動了善工，軟化冷漠的心，讓他們知道：人生有盼望，神有愛，耶穌有救恩。當牧師呼召，勸他們認罪、接受耶穌作救主、來倚靠祂時，很多受刑人都舉手接受，即使在綠島監獄關的是最難管教，又是頑冥不靈的刑犯，也很多舉手接受，甚至流眼淚，離開會堂時，還會心存感謝的與我們揮手道別。

雖然在監獄無法做個人談道，相處時間也不多，但是我們帶給他們好消息——耶和華神愛世上每一個人，也包括監獄內的受刑人。「壓傷的蘆葦，祂不折斷；將殘的燈火，祂不吹滅。」（以賽亞書四十二章3節）雖然我們看不見，也摸不著神，但公義的神同樣關心、看顧這些暫時服刑的人。要他們知道神無所不在，比如在陰天雖看不見太陽，但雲上的太陽還是一樣在放光，神的慈愛永遠常存。

我們這次短宣所播下的福音種子，願神的靈保守，讓它們生根、發芽、茁壯。也願一切榮耀歸給神！

3

■ 愛恩台福基督教會　黃曾東

來自監獄的呼喚
2007年台灣音樂宣道日記

今天（2007年2月11日）是最後一場的監獄音樂佈道，終於不必清早五、六點就起床，大家可以稍微鬆一口氣，多睡一會兒。上午九點才自彰化的全台飯店出發，預計於十一點半左右到達位於台灣北部桃園龍潭的女子監獄，在那裡用完簡單的便當，而於下午一點整開始音樂會。

這是我們詩班應邀二度在桃園女監佈道；因為去年（2006）秋天訪桃園女監後，副典獄長及大部分女同學（受刑人之通稱）都很受感動，特別邀我們再度去傳播福音的種籽。她們是佈置美輪美奐冠全台的監所，舉手決志的人也是最多的，所以我們欣然同意，給她們特別「優待」，再訪一次，希望另一批的長官及同學也能藉由我們的詩歌、話劇、見證分享及莊牧師的信

息,靈魂得以蒙福。

下午一點十五分,出席的同學約300人都已入座。在等候典獄長蒞臨時,先與同學們唱兩首她們熟悉的歌,台上台下先以歌聲打成一片,同學們心情放鬆回應,氣氛非常融洽,一點也看不出她們是在監獄受刑的人,年少的像一般女生,年長的像家庭長者。

一點半洪典獄長到場,音樂會正式開始。由於同學們熱烈回應,我們的演唱也得到更多的鼓勵。聖靈在整個會場中運行,主的手撫摸著每一個人的心。當同學們與詩班一起唱歌時,她們露出愉快的笑容;當她們看短劇〈浪子回頭〉時,她們感動流淚;當牧師呼召時,舉手決志的高達90%。感謝主!藉著祂的憐憫與權柄,我們大獲全勝;同學們的心靈得到平安與喜樂。一切榮耀全歸於主!

■ 愛恩台福基督教會領隊／指揮　黃清源

4 耶和華是我的光

「耶和華是我的亮光，
是我的拯救。」（參考詩篇二十七篇1節）

「主的靈在我身上，因為祂用膏膏我，叫我傳福音給貧窮的人；差遣我報告：被擄的得釋放，瞎眼的得看見，叫那受壓制的得自由。」路加福音四章18節記載耶穌在會堂讀這段經文，讀完之後對會眾說：「今天這經應驗在你們耳中了。」（參考路加福音四章21節）同樣地，這段經文也應驗在2006年我們愛恩詩班去台灣監獄宣道的事工上。

2006年，當我們在台灣的監獄中看見受刑人被福音的信息感動得流淚，一個一個勇敢舉手決志時，我們的心受到很大的衝擊，禁不住為他們靈魂的得救而掉下歡喜的眼淚。在那裡，我們看到聖靈奇妙的作為；在那裡，我們經

歷到主同在的大能。

主耶穌說：「我赤身露體，你們給我穿；我病了，你們看顧我；我在監裡，你們來看我。」（馬太福音二十五章36節）主又說：「我實在告訴你們，這些事你們既做在我這弟兄中一個最小的身上，就是做在我身上了。」（馬太福音二十五章40節）

「福音本是神的大能，要救一切相信的。」（參考羅馬書一章16節）監獄宣道是一項極有意義又有果效的事工。但願神的光今年（2007）再一次通過我們這些蒙恩、卑微、不配的器皿，將福音帶給我們所去各監所裡的同胞，讓「在黑暗中行走的百姓看見了大光；住在死蔭之地的人有光照耀他們。」（以賽亞書九章2節）

願榮耀、權柄、頌讚都歸於至高的主神！

第六章

宣教接力

教會短宣如春風吹面而過,
種子已撒,
神更樂意叫它發芽,
但還需要有人澆灌。

「主,如果是祢,
請叫我從水面走到祢那裡去。」
耶穌說:「你來吧。」
(馬太福音十四章28~29節)

來吧!弟兄姊妹,
如果你不曾獻你年輕的力量,
現在杏樹開花,更應獻你所有。
這是我們的時候了!

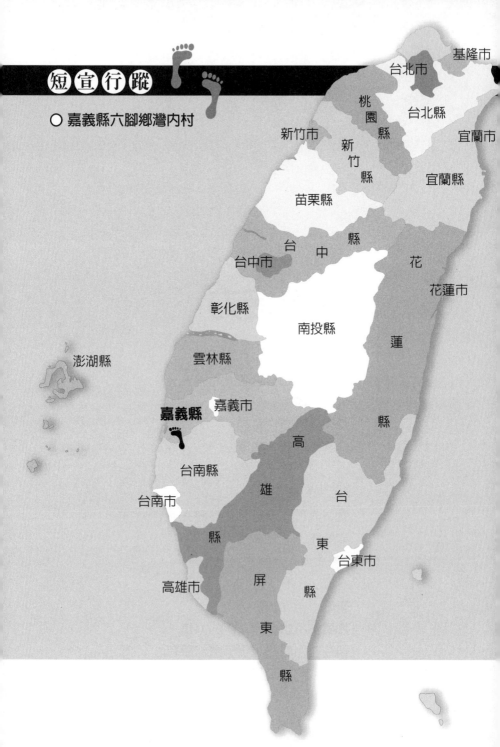

1

■ 愛恩台福基督教會　林朝瑩

接下來呢？
宣教接力第一棒，2007年秋天，嘉義縣六腳鄉灣內村

【寫在前面】

　　蒜頭教會吳燕輝傳道憑信心在隔壁村——灣內村租屋，開闢為福音中心。讓寒暑假福音隊、學期中宣教接力隊在這裡服事鄉民、孩童，週末、主日帶他們到蒜頭教會聚會。吳傳道有負擔要這樣衛星式的附近一村一村的攻下，匯聚會眾在一大教會，使會友不至於落單，教會可以集中人力、財力建極需要的青少年活動中心，解決許多鄉村社會問題及小教會的弊病。

・・*・*・*・*・*・*・*・*・*・*

我來，我看見

　　1990年我剛移民來美國，有人向我傳福音，我不信，因那

145

時向我傳福音及其他一些基督徒兄姊並沒有活出他們的信仰，我就認為那個信仰不值得信，反倒把我推離神。

直到2002年初，我開始去教會、參加查經小組，讀過、聽過，才慢慢親自經歷神。更聽到有弟兄分享「台灣的需要」，那時才了解台灣的基督徒只有2.7%，其中原住民就佔1%，福佬人只有1.7%。

我不願意作個如啟示錄三章16節被耶穌稱為「溫水」的老底嘉教會會友，作個不冷也不熱的基督徒，被耶穌從口中把我吐出去。2004年我參加冬宣去台灣鄉下教會，使我很驚訝地看到：

1. 台灣美麗的大地，單純樸實的百姓，為何這樣把時間、金錢、榮耀歸給假神？
2. 鄉下傳道人，苦心經營不見果效、身心俱疲、生活陷入困境，老是看不到遠景，至終不願再撐……長期缺乏資源，日久羊群四散，教會逐漸荒涼無以為繼，只好關閉。
3. 竟有那麼多弱勢及破碎家庭的孩子們被父母丟來丟去，從小不論在生活、品德及課業上，都沒有受到好的照顧，小學課業的基礎沒打好，到國中跟不上，在主流社會就失去了競爭力，然後又重複他們

阿公及老爸的路，而他們的下一代，變成單親家庭的可能性也很大，於是形成一個世襲的惡性循環。

我投入

每年寒暑假，很多教會差派短宣隊去台灣短宣，藉著教英語、辦活動，吸引很多大人、小孩來教會聽福音。很多人後來信主，是因為小時候聽過福音。

一年又一年，短宣隊來，撒下福音的種子，將名單交給當地牧者，又回去了。隨著短宣隊的離去，鄉下教會缺乏同工來繼續照顧牧養，新的小羊群也就慢慢散去，原本營會有三、四十位小孩，最後只有二、三位還留下來。

愛恩教會和其他教會從2001至2007年，每年夏季、冬季都有組成短宣隊去台灣。2007年的品格美語營、醫療佈道、詩班監獄宣道，大約有100人次投入服事。

如何進行？

在學校上課期間幾乎沒有短宣隊來，其實這段期間最需要有同工來繼續照顧、牧養短宣隊所結的果子。有人把這事存在心裡，反覆思想，於是就有了「福音接力」長宣事工開始。

宣教接力是把一個學期三個半月（春季或秋季）切割成三

棒來接力；每棒2人接力一個月或以上；6個人分三梯次。2007年秋季，愛恩台福教會溪水旁小組就有6位兄姊分別來到嘉義縣六腳鄉灣內村福音中心做宣教接力。

9月中旬開始時，只有7位國小學生、2位國中生。一個月後移交給林醫師夫婦時，增加到17位小學生、3位國中生。由林醫師夫婦的日記中，看到已增到22位國小學生、9位國中生、2位成人英語班學生。再兩個月後，他們移交給第三棒時，人數已近40人。

誰來做？

宣教接力不需大批人馬（夫妻就是最佳搭檔）、不需很長的時間（一到三個月不等）、只要簡單的英語會話能力和充裕的愛。

這樣的宣教接力，是為鄉村小教會量身訂做的事工，趁著還有力量，為神的國度，讓鄉下新的一代能有選擇的機會來認識真神。你一個人或一個家庭的投入，會讓需要人力的鄉村小教會再創生機。你的專業：課輔、才藝、醫療及專業服務，會提高鄉民生活及生命品質。

我們藉著關心學生課業及品德，進入百姓中生活，進一步和家長做朋友，把身為神兒女的那種喜樂、平安，活

出來讓他們羨慕、說給他們聽、做給他們去感覺。

做多久？

你的學生成績、品格進步了，家長也肯定教會的付出，讓他們在為生活忙碌的同時，可以減少一些後顧之憂，不再阻擋孩子來教會。我們很快可以看見小孩們的生命開始改變，灰心喪志、迷失方向的孩子，走上正路。

如果能繼續跟進，穩定成長一、二年的話，就可以成為一團「酵母」，產生發酵作用，孩子看孩子，不用招生自己來。課業的提升及福音的種子撒在他們心田，一定可以阻斷家族的惡性循環，因為好的基督徒，一定是好國民。

結論

今天若主耶穌仍在我們當中行走，祂會不會放棄／遺忘在台灣的百姓？會不會撇下那些基層的鄉民？聖經無一處有「來教會」（拉人進來），卻發出清楚的命令：要（派人出去）走到世界各地。

有人說，宣教很辛苦，衣食住行樣樣不方便，要與蚊蟲交戰；我們可以同意他的話，但不可以聽他的話。在「按才幹受責任」的比喻中，第三個管家遭到審判，不是因他做了什麼壞

事，而正是他什麼也沒做。你可以這樣開始：**邊做工邊學習是最好的裝備，不要做只裝備、不服事的基督徒。**

訪宣：一至二天去鄉下教會作主日禮拜、拜訪牧者，關心鄉下教會的需求。你的出席有可能使鄉下教會聚會人數立刻增長10%。

短宣：先參加一次，親身去經歷。6位同工，只能服事一間主的教會，若是60位同工、600位同工……就有……。

因著主的恩典，我衷心盼望你們能享受到我所享受的喜樂！

（編按：林朝瑩弟兄在紐約台灣宣教基金會 2007年感恩年會分享的紀錄。）

2 落在荊棘裡的種子

■ 愛恩台福基督教會　友尼基

宣教接力第二棒，2007年秋天，
在嘉義縣六腳鄉灣內村

六腳鄉，灣內村

「Jimmy who？」

吉米卡特先生出來競選總統時沒有人認識他，這句話是當時美國人的一般反應，他也自我解嘲的用這句作為他競選活動的宣傳，果然奏效。

「今年去哪裡呢？」教會弟兄姊妹已經習慣於每年這個時候我們會回去台灣宣教。

「去灣內長宣。」

「哪裡?灣內?怎麼從沒聽過!」

「在蒜頭附近啦!」

「蒜頭?還有這樣的地名,在哪裡?」

「在六腳鄉啊!」「……◎※?」越講越玄就越搞不懂。

「在嘉義啦!總該知道了吧?」

「可是……我是嘉義人ㄟ……真歹勢(不好意思)!」

就這樣,我們愛恩台福溪水旁查經班的6個人分三梯次,用三個月的時間分別來灣內福音中心做長宣接力。這是一個新的嘗試,藉著課後國小英語教學及國中課後輔導,把寒、暑假短宣隊所接觸的小朋友或青少年帶進教會。

我們夫婦接下第二棒,大部分「初批」(第一棒朝瑩兄、信昌兄)的事工已定形,接下來只要加足馬力「發揚光大」就是了。略述其中一、二與你分享,拋磚引玉,盼得你的參與。

創意教學

三、四年級的小朋友又多又皮,英文程度參差不齊。課本可以朗朗上口,卻不知道什麼意思,於是我們把課本上教的英文生活化,如:問安、喝水、上廁所等都得用英

文,用M&M巧克力糖教顏色、用泡泡糖或吃果凍教不同味道和應有的禮貌應對。下課後要他們排隊在門口,好讓我一個個擁抱、說再見。大部分的小朋友都很「避俗」(害羞),愛又不好意思,可見他們不曾被擁抱過。孩子們的阿公、阿嬤等在外面,看在眼裡樂在心裡。

禮拜三學校只上半天,福音中心放電影。時間未到,小朋友就騎著鐵馬一窩蜂來到。「怎麼這麼早就來?時間還沒到ㄟ!」想把他們趕回去,"May I come in？"兩個大大的眼睛帶著期盼的眼神,把昨天剛學到的獻媚在你眼前,叫你哭笑不得。下次記得把鐵門拉下,否則就不得睡個午覺。

你們也要回美國去嗎?

與第一棒交接後不久,小朋友問及先前來的魔術師及林叔叔呢?

「回美國去了!」

「喔!那周長老他們呢?」

「也回去了!」

小朋友沈思了一會兒望著我們:「那你們也要回美國去嗎?」

「……嗯……會有另外一對夫婦來接……」看著他們大惑不

解的表情,不敢也不知如何解釋。

門一開,人就來!

每週三,在娘媽堂(廟宇)老人活動中心的健康講座漸漸認識些村民,茶喝多話也多,留下來和他們一齊唱卡拉OK。結果是:村民到福音中心的免費診所來看病;一連招來了兩個成人英文班;看電影又多來了兩個新生(小朋友來了不少,可惜三年級以下不收),真是「棚腳站久郎ㄟ」(租者有其屋)。

阿足姨要學英文,請她來福音中心,結果她的媳婦出現在門口。

「阿足姨呢?」

「她顧店,叫我來學英文!」

我給她一個名字"Rachel"。上完課她說:「可以讓我兩個兒子來學英文嗎?」

晚自習Rachel送她兩個兒子來,James(國三)跟Clark(服完役在做修護機車工),非常認真用功。有一晚關門前,正奇怪Clark怎麼沒來上課?正說時他就出現在門口了,一直道歉說:「加班剛回來。」正準備給他上課時,他要求先讓他去買個飯吃。天啊!還有這麼用心的學生,

餓著肚子來上課，真叫人心疼。現在他們倆兄弟都參加禮拜六蒜頭教會的青少年團契。

閃亮的銅板

　　住在對面的兩姊妹 Jenny和Vivian，是過去兩年短宣隊帶來的果子。我們請就讀國三的姊姊Jenny去查閱從美國帶來的"America's commemorative quarters"（美國知多少硬幣套）中的俄亥俄（Ohio）和北卡羅來納（N.C.）兩州，並要她在禮拜天主日學時講給小朋友聽。她又愛又怕、很是緊張，總覺得能力不夠、不能勝任，於是我陪她一齊禱告，求神賜智慧和勇氣，並讓她明白接受挑戰經歷神，將帶她更上層樓。果然，她的投影片介紹讓小朋友都覺得新奇，專注神聽，想不到小姊姊能做得這麼好。她那種自信與滿足，這份價值感，似乎是平日課業壓力下難以見到的。我們也以一本到目前已收集完整的美國五十州硬幣冊送給她作紀念，可把小朋友給羨慕到了極點！

Jenny

　　國小五、六年級的同學比較難帶，小六Jenny常帶頭唱反調，她登高一呼不來，其他的也跟著不來，其實她只是想引人注目而已。禮拜六休息不上課，我決定去找她，她就在隔壁不

遠處媽媽開的魯肉飯攤幫忙。下午四點鐘沒有客人，我徵得她父母的同意，邀她來福音中心上課。一對一個別教她，讓她知道我們的關心，並告訴她，「只要鐵門開著，隨時可以進來。」隔天下午四點鐘，她果然出現在門口，徘徊著，不敢進來，當然我們再上了一課。隔天她又來了，我相信她會一直再來。主日學三十多個小朋友在福音中心聚會，會後她自動留下來幫忙清潔並說：「我可以來參加晚自習嗎？」

最後一堂課結束時，Jenny趁著沒人時，塞了一張卡片給我就跑回去了，她自己做的，又寫又畫"I love you"，充滿了被愛的感激和依依不捨的心。父母生了五千金，排行老四的她，小小年齡就得分擔家庭的重擔。一次在陪她上英語課時教一個單字"skirt"，"Do you have a skirt？"用英語照著課本問她，"No, I don't."原來她不是照書回答，是真的沒有……唉！我深信一件短短的"mini skirt"一定能帶給她一個少女應有的天真可愛和羞澀的喜悅。

Peggy

她有著修長的身材、一頭烏黑的秀髮，配著一雙大大的眼睛，應該是「青春花正開」充滿活力的十六歲，阿公

156

帶來時是心不甘情不願。我們也不勉強，只坐在旁邊陪她讀，上不到一個禮拜就遇到學校考試。考回來時高興地說：「我考得真好！」「幾分？」我們迫不及待，比她更緊張地問。「58分！」天啊！

「要禱告，智慧從神而來。」我們這樣鼓勵她，她像發現新大陸一樣地單純吸收，禱告……成績進步。接下的兩、三個禮拜，從接第三棒的達男夫婦那兒得知她有驚人的進步（請看接第三棒達男夫婦的日記）。

Peggy和她姊姊現已加入蒜頭教會青少年團契。

「你進入未受割禮之人的家，和他們一同吃飯了。」（使徒行傳十一章3節）

福音中心可以說是一塊「淨土」，學生在這裡寫功課（學習在圖書館的規矩）、吃點心（正確的桌上禮貌）、看電影（怪力亂神之外，還是有好電影的）、學英文（介紹天外天）。

在這廟宇林立、偶像處處可見的鄉下百姓中，學生所聽見的是什麼，他們的人生就會變成什麼。偶像的膜拜耳濡目染，生活的單調、電腦的誘惑，早已進入這些幼小的心靈中。在眾聲喧嘩中我們不能逃避，只有帶領、引導他們傾聽神的聲音，聽那惟一微聲的盼望。

神不只要我們清心愛主、彼此分享亮光而已，而是願意我

們邁步向前,把福音帶到有需要的地方,使「服事」與「福音」相結合,以具體的行動體驗基督徒信仰的生活。我們在鄉下百姓當中要活出一個「基督徒」的榜樣,既要「分別為聖」又要「認同」那些「不在律法以下」的人。幾個禮拜下來,文具店的老闆娘說:「你們來的人氣質不一樣。」村民說:「你們做好代(做好事)、積功德!」紛紛送來蔬菜、水果、土豆(花生)……

台灣鄉村的需要是如此鉅大,學校的合作、鄉民的接納、孩子們的改變,著實不是這支禿筆所能述說的,讓我們陪這些孩子走過這孤單又混淆的一段青春期。

這批宣教接力軍就像一支包工隊,又像一小組顧問團,用一生的經驗、阿公阿嬤式的愛,去繼續打那美好的仗,跑當跑的路,持守所信的道,直到見主面。

每個人只有一次機會活在這個世界上,創寫你的後半生吧!套一句這裡人說的話:「讓你的生命活得更精采!」

3 宣教接力第三棒

■ 愛恩台福基督教會　潘達男、王秋月

2007年秋天，
在嘉義縣六腳鄉灣內村

2007/11/15

昨深夜從聖地之旅回家（以色列、七教會和拔摩島），匆匆收拾行囊……旅行裝改成宣教裝。

林醫師帶我們逐戶拜訪，包括孩子的家。大多是隔代教養形式，阿公阿嬤口中喃喃道出與孫子之間的愛，卻有許多無奈及無能為力。拜訪灣內村的廟，認識幾位常在此出入的村民。

2007/11/16

林醫師夫婦將要離開，灣內村長夫婦、學生的阿公來訪，感謝福音中心的付出。成人英語Pauline準時來上課，年紀已上

七十的她，學習態度眞是可圈可點。

2007/11/20

下午五點不到，Jody第一個到，其餘也接踵而來。低年級像小麻雀般吱吱喳喳，要控制場面眞需一番技巧，總算撐住。結束前帶動唱"Jesus loves me"，期盼聖誕晚會中可獻唱。

國中生晚自習，見Joe身體瘦弱、眼睛發黑，常被罰寫，達男叫他每天帶書來，練習有效的讀書方法。Peggy背國文，連註釋也背，求神憐憫這些孩子。

2007/11/22

建議Paulin能在聖誕晚會用英文朗誦詩篇二十三篇，她欣然答應。

晚自習Joe仍沒帶課本，達男載他回家拿，但只拿一個鉛筆盒，因爲他把課本和書包都放在學校。

參加嘉義蒜頭教會禱告會，我們迫切替剛受洗的兩位大人禱告，因家人不滿他們不拿香拜拜，他們不被諒解且遭逼迫。我們也求神帶領教會能找到大一點的場地，因目前已不敷使用。

感謝三位台大團契同學要下來帶青少年團契。

2007/11/28

打電話給自從我們來了之後，一直不曾露面的侯家哥哥Peter和弟弟，是他們的父親接的。他長年在北部做水泥模板工，前一天才回來，母親被蒙在鼓裡，以為孩子每天都到福音中心做功課。傍晚父親用機車把兒子帶來，個子高大且肥胖的哥哥Peter，只帶一本沒書皮的數學課本，其他的書都在學校。要求他以後務必帶書和書包來。

2007/11/30

晚上Peter來了，整晚嘟著嘴臭著臉，數學簿上全是塗鴉，只好個別指導。

下課時Peggy與姊姊和鳳玲因問問題稍晚離開，乘一起禱告時帶她們決志，求主帶領她們信主的道路。

2007/12/1

Peggy和姊姊來問英文和數學（明天要考試），很多新名詞，花兩小時讀例題，尋回四十年前所學，才知大部分是新皮袋裝舊酒。下午五點回去煮晚飯給阿公吃，姊妹倆卻沒

吃，六點半又來了，等著參加今晚青少年團契。請她們吃些蘿蔔排骨湯，她們說明早不能去主日崇拜，因要幫阿公種花生。

2007/12/4

早上Pauline練習朗誦詩篇二十三篇，她問起：「耶和華是誰？」我抓緊機會傳福音。

從未見面的侯家小弟突然出席，和他哥哥Peter一樣，個子比同年級的小朋友高大。問他沒來課輔原因──「得去舞弄獅頭。」

天啊！

2007/12/5

Pauline要求繼續講聖經故事，這正是我們來的目的。

下午一位鍾姓婦人對福音中心的付出很感動，想送兒子來課輔。我們傳福音給她，送她《認祖歸宗，敬拜真神》、《到底有沒有神？》福音小冊子，讓她能進一步了解真神。

晚上課輔教Peter先背、寫單字，他不情願，趴在桌上。兩眼呆滯不能開口，儼然像嬰孩般時趴著、時吸允拇

指頭。此時更確定在人不能，只有靠凡事都能的神，帶他讀馬太福音七章13節，很奇妙，居然能開口讀！叫他單獨再唸兩次後，激勵他離棄閒蕩、奮發用功。最後帶他一起禱告，將他交託給神。

2007/12/6

　　Peter今晚仍帶一本無封面的數學習作。目睹他親自做十多題，錯得不多，心算能力好，只是粗心且不按部就班。上週五數學全數塗鴉，沒一題會，今晚七、八成對！真不懂，「神啊，他在祢手中！」

2007/12/7

　　探訪已缺席兩次的Jody，聽說在校內最近也變壞。隔鄰阿婆說，他的父親兇暴，離婚後回家常滋事毆打父母，鬧到警察登門，禁止他再回來。因此由祖父母教養，每天給他不少零用錢。頭腦不錯，骨子裡喜歡佔小便宜。同學說他在學校常罵髒話，這真是原生家庭的捆綁。

　　小六Lillian沒來，這孩子性情害羞、膽怯、抗壓力弱。Susan上課不開口、教過的都不會，而且態度不好。據她母親說，她在家常打妹妹，大呼小叫，在外面卻不吭聲，校方也如

此反應。爸爸打她也沒用,已束手無策。主啊!孩子問題這麼多,我們只能交託,求主憐憫,賜給我們更多智慧、愛心、耐心與信心。

鼓勵晚自習的國中孩子能參加蒜頭教會週末晚上的青少年團契,鳳玲、Peggy和姊姊答應參加,希望她們能在團契中認識神,更愛人。

2007/12/11

小三、小四出席非常穩定,金句背誦也都很踴躍,期盼神的話語發出光芒,帶領他們的前程。侯家小弟的母親要求我們每次為她簽名,防止他又欺騙,到外面遊蕩。

晚自習Kelly要再借電話,我這次不答應,因後來才知道她前兩次都打給男生。Peggy高興地向我報告已連續兩次英文小考得100分,時時想起我教她禱告,她高聲嚷著:「老師,有效耶!」

2007/12/13

又一對夫婦來學英文。我們把握契機傳福音,將她交給吳傳道夫婦。

Joe漸漸可專心讀書,應對較有精神,他說已少打電玩

改跳街舞,身體健康許多,學校老師也說他上課不打瞌睡了。神得榮耀!

2007/12/14

今天是我們在灣內事工的最後一天,看到Joe的表情與言談和以前大不相同,較開朗釋放,邀請之下,他在阿嬤和我們面前點頭答應參加明晚的青少年團契。榮耀頌讚歸主名!也求主繼續動工,直到他成為新造的人。

第七章

歡呼收割

走在沒有遮蔽的鄉間小徑上，
冷風陣陣吹來，
我們拉緊了衣襟也擋不住透骨的寒意。
可是我們卻感覺有一股暖暖的熱流
從我們心底升起，
神的同在是那麼真實，
我們四顧無人，
就同感一靈，
放心開口大聲感謝讚美主。

～張友明

■ 愛恩台福基督教會　友尼基

1 愛屋及烏

記2006年冬季短宣
訪宜蘭大學葛馬蘭團契

今年（2006）冬季短宣，愛恩教會產生一隊很特別的「兩家福音隊」。五個ABC（America Born Chinese，美籍華人）的青年，能講、能演、能唱又能玩各樣樂器，只是不能說又不識字（中文）。「三」個美國大學男生，課補「二」個國一的小朋友竟然「一」愁莫展！

「老師，你怎麼不會寫名字？」

壯圍的呼聲

晚上參加宜蘭大學葛馬蘭團契的聚會，「葛馬蘭」是泰雅族的話「宜蘭」的意思。林醫師分享鄉村宣教的需要，呼籲城

市教會下鄉支援鄉村弱小教會，會中隨行的壯圍教會劉雅貞牧師向這些年輕人挑戰；鄉村小朋友隔代教養、沒有價值觀、沒有大哥大姊的帶領、偷竊、翹課⋯⋯福音地極就在後院。愛，使北美的弟兄飛來台灣，到壯圍關心這裡的百姓、學校的小朋友，壯圍教會不過離大家十五分鐘的距離，難道不能就近來幫忙嗎？我們也當場邀請他們到壯圍教會來和短宣隊青年交通，磨練一下英文。隨即得到很好的反應，答應來看看。結束時我們一齊禱告，忽然地震，人會略感搖擺不定，持續有數分鐘之久。難道真會是我們的禱告震撼了天地？

你講，"I don't know."

隔天劉牧師接到電話，宜蘭大學葛馬蘭團契將有十個人晚上會來一齊交通、聚餐。我們聽了真是要跪下獻上感謝和讚美，祂是聽禱告的神。才是昨天的事，沒想到他們不但自己來，還帶小家（葛馬蘭團契再分三小家）的大家長馮教授夫婦一齊來。

這晚，葛馬蘭團契、北美短宣隊和壯圍教會同工們有一段非常建設性的交通，尤其是北美短宣隊只有一位略懂華語的青年，忙得不可開交的翻譯，比手劃腳，樂成一

團。是主的愛吸引我們在一起,言語不能間隔、不能阻擋我們彼此的交通。

(編按:2006年冬季短宣隊離開後,宜蘭大學葛馬蘭團契投入壯圍教會服事青少年團契。成為這些孩子的大哥哥、大姊姊。並在2007年冬天為教會舉辦聖誕節晚會。)

2

■ 愛恩台福基督教會　友尼基

五妹阿婆

2005年冬季短宣
在客家庄苗栗縣造橋鄉造橋教會

下午出去走禱，在離教會不遠處一家中藥店門前看見一位阿婆像是「可吞吃的」，於是上前打招呼，邀請她一起到我家（短宣隊住教會）來坐。相談之下知道她是一個八十歲、不識字的獨居老人，叫五妹。

《福音橋》正派上用場，以圖示意，和她一起看過《福音橋》後，問她願不願意接受耶穌作她個人的救主？她大聲地說：「不！」雖是意料之中，但也有些失望。她讓我看看她手上掛的佛珠，拿出頸上掛著的三條平安符。這時在一旁代禱的陳希耀師母不慌不忙地站起來，拉著她的手說：「阿婆，這100塊買的佛珠真能帶給妳平安嗎？」阿婆低頭不語。原來，她剛從山上

搬下來,沒幾天就碰到隔壁人家辦喪事,喪家把棺材放在外面走廊使她害怕不安。師母用很簡單的話再解釋一遍福音,如:「去金光ㄟ所在」(去光亮的地方)、「看到歹物」(看到不潔淨的東西)、「天是尚大ㄟ」等,果然阿婆聽進去了,也跟著作決志的禱告。我則上了一課向基層鄉民傳福音的絕招。

出去掃街走禱的姊妹們回來報告,五妹阿婆手上的佛珠不見了。哈利路亞!

五妹阿婆來參加晚間客家小組,認識教會裡的客家姊妹,與大家一齊唱客家歌。邀請她禮拜天來教會,她滿口答應。我們開車去接她時,在車上遠遠就看到她穿戴整齊等在路旁,第一次上教會,笑瞇瞇地非常興奮。

「客家人不易接受福音」是眾所周知的,可能是對,但也不全是對。不要給魔鬼留地步,只要傳,將結果交託給神。神讓我們這麼奇妙地相遇,而她的心田也是這麼神奇地被神給預備了。五妹阿婆,妳是個有福的人,我們遙遙地祝福妳!

■ 愛恩台福基督教會　友尼基

3

Rachel

2002年冬季短宣，在嘉義縣東石鄉東榮國中

「**大**家都有英文名字嗎？」美國來的Cathy老師在台上問到。

自從台灣加入WTO後，政府鼓勵學英文。幾乎每一位學生都有英文名字。但在這窮鄉僻壤，有能力的或小康家庭的已都將子女往附近城裡學校送，留下的是「放牛吃草」不升學的孩子，許多還是隔代教養或單親家庭，以至於有些養成自暴自棄或缺乏自信的心態。

當助教的我巡迴在課椅當中，發現有一女同學低頭不語，於是走到她身邊，問：「妳有英文名字嗎？」她一副不理不采的態度，想來大概是沒有吧。

「我替妳取個英文名字好嗎？」再問一次並把手輕輕放在她背後。

「不需要啦！」看也不看我一眼，冷冷地回答。

「Rachel這個名字，妳喜歡嗎？」我不放棄，輕輕地在她背後拍拍。

「不升學，沒必要啦！」她看我一下，搖搖頭。

「Rachel是一個美麗的女孩子，在以色列……」

「真的嗎？」我話還沒說完，她眼神一亮，好奇地問。

「真的！而且是被一個男人深深地愛上……」我輕輕地撫摸著她抬起的頭，望著她的臉繼續說：「妳是一個美麗的女孩子，像Rachel！」

她綻放出燦爛的笑容！

那個禮拜，我們有很好的互動，我鼓勵她，讀書不只是為了升學，我讓她知道神愛每一個祂所造的人，而且每一個都是獨特的。在營會結束後，我接到一張謝卡，署名"Rachel"！

我們不可能改變世界，但可以一個一個地去愛他們！

4 悲情阿嬤的故事

■ 鄉福台南七股福音中心　楊定修牧師

台南縣七股鄉玉成村79歲的黃月女，是一位丈夫不疼愛，卻又盡心撫養好幾位姨太太所生的孩子的阿嬤。十二年前因一手辛苦撫養長大、又最孝順她的二姨太太兒子明興開車撞到西港鄉一馬路樹頭過世，之後，棺木安放佳里鎮一間寺廟裡，她一走入寺廟，過了門檻，還未見到令她錐心之痛的棺木，就精神崩潰暈倒在地，醒來後十二歲的孫子一直抱著阿嬤的腳哭喊著：「阿嬤，阿嬤……爸爸沒有了，還有我啦！阿嬤，阿嬤，還有我啦！」月女阿嬤眼淚像河堤崩潰一樣，一直哭喊著難以停止。

她親生的兒子不歸回，丈夫又離棄，惟一能安慰她的就是姨太太生的二兒子明興，卻又於年輕時因車禍離世，喪子之痛令她精神崩潰，讓她坐在樹下長達十二年。她衣衫襤褸，

神情憔悴,像壓傷的蘆葦似乎要折斷,像將殘的燈火即將熄滅。

這位虔誠拜佛、守節吃齋的一貫道教徒,經常於年節日前往台中、彰化幫助道親包粽子、做月餅的阿嬤,遭遇如此不幸,令村民長嘆,令親族哀傷!小孩子騎腳踏車經過,都叫她是瘋子,不認識的人騎車經過,看她長髮不剪,衣衫襤褸,以為她是精神病患。如此經過十年後,黃月女阿嬤於2002年遇到在七股教會開拓的余冬萍姊妹與美國台福東安教會黃敏郎牧師所帶領的短宣隊。他們坐在樹下陪伴她、唱詩給她聽、為她禱告,歷經多次的緘默不語與不回應的傳福音過程後,終於在2003年東安教會黃敏郎牧師與眾短宣同工再次在樹下為她唱閩南語詩歌後,首次看她流淚,連東安教會惠玉姊、美盛姊、明樞弟兄,婉婉姊等人也為她禱告到流淚。2004年東安教會繼續與眾肢體關心這位阿嬤,連同七股教會十幾位兒童主日學小孩也幾乎每週一次為這位阿嬤牽手禱告,小孩口裡一直喊著:「阿嬤,耶穌愛妳,阿嬤,耶穌愛妳,妳不要難過。」

2004年秋冬期間,鄰里的幾位持傳統民間信仰、與月女姊同年代嫁入玉成村的阿嬤都斬釘截鐵地說:「黃月女若能去教會聚會,我們都去教會。」從這群燒香拜拜的鄉

村阿嬤講出這種話，證明她們認定黃月女阿嬤坐在樹下已經十二年了，醫生都沒辦法，誰有辦法呢？我們的神明都沒辦法，誰有辦法呢？你們的耶穌若有辦法，我們就去教會！

七十幾歲的玉成村老村長的妻子鴛鴦姊也說：「你們的耶穌若能夠讓她剪頭髮，換那五年沒換的衣服，你們的耶穌就有夠厲害！」人以蠡測海、以管窺天，卻沒想到我們的主行事奇妙，羅馬書十一章33節說：「深哉，神豐富的智慧和知識。祂的判斷何其難測，祂的蹤跡何其難尋。」竟然於2004年12月時，月女姊因要下床小便，不慎滑到地板上，整個骨盆處兩腳關節都折斷，因而於佳里鎮綜合醫院動手術，後來遷移到佳里鎮宏瑋安養中心，從此她十年不剪的頭髮終於剪下，那件五年不換，兒子明興給她的衣服終於換下，現在每兩天洗一次澡，每兩天換一次衣服。深哉，神的豐富的智慧！

2005年寒假，陳亮名醫師與陳一秀姊妹遠從美國來到佳里鎮，探望月女姊。蔡正修、葉媽媽夫婦與東安教會柑縣小組多次關心。東安教會淑娥姊與秀英姊於佳里鎮宏瑋養護中心繼續帶領月女姊禱告，雖然她力氣衰微，仍然開那顫抖地口，一句一句與我們一起禱告，月女姊的女兒在旁感動得哭泣，我想是聖靈感動，也是想起她母親過去坎坷的遭遇。

經過漫長的三年傳福音過程，七股福音中心終於在2005年7

月27日，在麻豆安養院，與東安教會林文政長老所帶領的短宣隊一起為黃月女阿嬤施洗。在施洗禮拜裡，黃月女阿嬤清楚地一一回答每一個受洗的問題，清清楚楚地跟我們一起向耶穌禱告。月女姊本來不跟人說話的，現在願意跟我們一起向耶穌禱告，願榮耀頌讚歸給在天上的父神，和愛黃月女阿嬤的主耶穌基督！

黃月女阿嬤成為七股教會開拓三年來第一位受洗的信徒，在此也感謝「鄉福」陳兆男董事與七股福音中心的莊玉桂姊妹和馮玉貴姊妹，與安養院的看護和阿嬤們，都陪伴黃月女姊妹的受洗儀式，願稱頌、感謝都歸給祂，阿們！

（編按：本篇由楊牧師寫於2005年8月22日。脫稿前接到牧師的e-mail：黃月女阿嬤於今年4月6日蒙主恩召，台南七股教會幫助家屬舉行基督教葬禮。在追思禮拜中，主的靈與我們同在，教會弟兄姊妹被感動得流淚，所有家屬都哭泣。最後黃月女阿嬤的家屬都深深感謝教會這幾年來對她們母親的愛，一直感謝……媳婦、女婿、兒子、女兒都認定教會是真心愛她們的母親，實在感謝主的愛與憐恤。）

5 追捕生命的彩虹

■ 聖喜台福基督教會　張友明、王吟月

記2002年冬季短宣：
台中縣大安鄉和台南縣七股鄉

主耶穌親自向我們應許說：「有了我的命令又遵守的，這人就是愛我的；愛我的必蒙我父愛他，我也要愛他，並且要向他顯現。」（約翰福音十四章21節）

我一直鼓勵自己要作一個愛主的人，也渴慕神能向我顯現。或許你也跟我一樣，渴慕看見神的榮耀；那麼我告訴你一個最可靠也最容易的方法，那就是——回台灣參加短宣。

這次我們夫妻一同報名參加2002年冬季為期兩週的台灣短宣，不但看見了神的榮耀，更經歷了祂豐盛的恩典與慈愛。

一份珍貴的禮物

這真是一份珍貴的禮物：一個清醒的靈魂被禁錮在一個軀

體的牢籠裡,整整七十五年……這就是我的大哥張先生。他小時候發高燒,燒毀了一切神經系統,從此走路搖搖晃晃,說話舌頭打結,既不能讀書也不能做事。一生卑卑屈屈的在家禁足,是我要傳福音的對象之一。

這次參加短宣,神帶領我們提早回到台灣,始獲悉大哥因體能衰竭,已住進陽明醫院,情況相當危急。我知道這是神給我的一次珍貴的機會傳福音給大哥。我立刻趕到醫院,他身上插滿著導管,奄奄一息,我抓住他清醒的片刻,抱住他,問他要不要信耶穌上天堂?他居然點頭說要,而且一個字一個字跟著我唸:「耶穌救我!」我立刻帶他作決志禱告。12月10日,忠勇堂的蔡忠梅牧師親自穿上消毒衣、戴上口罩,在隔離病房裡為大哥施洗,並唱詩歌讚美神的恩典,我眼淚一直掉個不停,滿心感謝。讚美主,在短宣開始之前,神就給了我一份珍貴的禮物。

13日大哥陷入昏迷,為了向短宣隊報到,中午只好離去,搭車南下苗栗,換了三趟車,趕到造橋佈道所,已經是晚上八、九點了。大哥已經在16日回天家,我確信主耶穌已親自擦乾他的眼淚,他在天上不但能說話、能走路,還能唱歌跳舞讚美主耶穌,願一切榮耀都歸給在天上的父神!

一場屬靈的爭戰

　　短宣的第一週，我們聖喜教會的七人小組分配在台中縣大安鄉大安福音中心。一開始我們就知道，這是一場激烈的屬靈爭戰，大安一帶的屬靈空氣很低沈，沈重到令我們幾乎喘不過氣來。這裡三步一小廟，五步一大廟，而且聞名全台、信眾上百萬的大甲鎮瀾宮就近在咫尺。平常人家的神案上，偶像竟然一長列排排坐，家裡預備的金紙銀紙，竟然整捆整箱的買，難怪台灣每年燒掉的金紙竟然超出新台幣一百億元以上。

　　感謝神，萬軍之耶和華是我們短宣隊的元帥，祂親自在前頭帶領我們爭戰。神同在的恩膏是那麼強，第一天晚上我們就看見了祂的榮耀。那天是星期六，晚上有少年團契聚會，短宣隊的敬拜小組就接手帶領團契的活動，十幾個國中生，男男女女，既活潑又可愛。首先是破冰，接著是敬拜，情況很熱烈，靈裡逐步向上提升，最後由Alex分享自己求學的真實見證，親身經歷了神的大能與慈愛。就在〈有一位神〉的詩歌聲中，放膽向他們發出呼召，在聖靈的催逼之下，同學們紛紛回應，甚至幾位猶豫觀望的同學最後也舉手回應。當夜十四位同學沒有一個遺漏，一個個都歸向主耶穌，接受主的大愛。

　　我們立刻請吳政村牧師帶領全體同學作決志禱告，全場充滿得勝的喜樂。短宣隊友無不心生敬畏，我們知道主耶和華就

行走在我們當中，大大激勵了我們的士氣，讚美主。

　　禱告爭戰是大安短宣的首要工作，在聖靈帶領之下，每天早晨的禱告往往是長達二、三個小時，我們常為大安教會的復興，大聲向神呼求，也為失喪靈魂的得救，迫切為他們代禱。神的靈大大澆灌下來，激勵安慰我們，隊友們常常淚流滿面，有時連牧師和師母也跟我們抱在一起，哭成一團，神的愛洋溢在我們中間。那種在一起當兵、一起爭戰的革命情感，真叫人難忘。

　　禱告爭戰得勝，我們就看見了神的榮耀：美語班活潑生動的教學，吸引許多同學歸向主；親子講座精彩成功的分享，已經建立了良好的口碑；這些都是短宣可以永續發展的利器，感謝神的帶領。訪談組也充滿信心，帶著能力，在這個偶像崇拜牢固的地區，福音的大能卻一再突破撒但的封鎖，打碎仇敵的銅門鐵閂，叫受壓制的靈魂，一個個得著釋放；因為萬軍之耶和華已經得勝。離開大安那一夜，臨上車之前，不到十分鐘就帶領一位來參加聖誕節晚會的女士決志信主，禱告之後就匆匆惜別，讚美主。

　　這是有合一、有禱告，充滿能力的一週，感謝師母及阿姨在乒乓球桌上為我們預備的三餐，永誌不忘；從吳牧師身上，我們看見了全人擺上的事奉，願神記念。

一個豐收的盛宴

　　短宣的第二週，聖喜教會的3名老兵分配在台南縣七股鄉七股福音中心，一開始我們覺得很納悶，3個老兵合起來將近兩百歲，難道神真的派我們3個人到七股偏僻的海邊，陪那些留在鄉下的老人一起泡茶嗎？

　　七股福音中心只有余冬萍姊妹一人，辦讀書會、兒童營、免費授琴，還到學校輔導青少年，裡外一手包，是一位堅強的女子。我們主動配搭，順著聖靈的帶領到處去探訪。感謝神，一個禮拜就帶領了16位老人和姊妹決志信主。有些七、八十歲的老人，一生就蟄居在村子裡，一個字也不認識，也沒聽過福音，可是神卻沒有忘記他們。

　　他們像單純的孩子一樣，聽了耶穌釘十字架為人贖罪的故事，就悔改信靠，跟我們一起唱詩讚美神的慈愛。神的道路果然高過我們的道路，原來神不是叫我們來泡茶，而是來赴一場豐收的盛宴。記得那是一個海風颳得很緊的下午，我們剛帶了4位老人信主，和他們唱完了詩歌，有點累了。離開時天色已經昏暗，海風颳得更大，我們走在沒有遮蔽的鄉間小徑上，冷風陣陣吹來，我們拉緊了衣襟也擋不住透骨的寒意。可是我們卻感覺有一股暖暖的熱流從我們心底升起，神的同在是那麼真實，我們四顧無人，就同感一靈，放心開口大聲感謝讚美主，

那種美好的感覺,一生都不會忘記。

　　12月29日下午余姊開車送我們3人到台南市,依依惜別,短宣就結束了。我們夫妻兩人搭復興號上斗南,又搭莒光號上台北,一路走走停停,到處訪親探友,仍然一路看見神的榮耀,得救的人數日日加添。最後我們發現,福音的果子竟然比前一週更多,從斗南到台北的莒光號車上,竟然帶6個旅客決志信主,讚美神。

　　士師記第八章記載,基甸回應神的呼召,帶300個勇士擊潰米甸人,以法蓮人前來責問,為什麼不早通知?謙卑的基甸卻安撫他們說:「你們拾取的葡萄不比我們摘到的更多嗎?」原來,我們爭戰所得果子不論是拾取的,或是摘取的,都是萬軍之耶和華爭戰得勝的戰利品。短宣結束之後,我們從南到北,一路乘勝追擊,到處看見神的榮耀,豈是僥倖之事?我們心生敬畏,由衷感謝神的慈愛。

　　其實,我們就像那個躲在酒醡裡頭打麥子的基甸,只要肯回應神的呼召,神就要使用我們所打的麥子,做成一個大麥餅,滾入米甸人的營中,撞倒他們的帳幕。或許我們當中有人麥子打得多,有人麥子打得少,但是神在乎的是我們是否願意回應祂的呼召,放下身邊的牽累,踏上宣教工場,祂就要帶領我們爭戰得勝,而且無往不利,乘勝

追擊,一路收取戰果,如同摘拾葡萄一樣順利,享受神為愛祂的人預備的豐收盛宴。

感謝神,參加台灣短宣,讓我們一路看見祂的榮耀!

(編按:作者張友明、王吟月是南加州柑縣聖喜台福教會會友,參加愛恩和聖喜教會2002年冬季聯合短宣隊。)

第八章

勇士的考驗

高興的時候「讚美神」；
困難的時候「等候神」；
安靜的時候「敬拜神」；
痛苦的時候「信靠神」；
每時每刻「感謝神」！

1

■ 底特律華人宣道會　徐銘宏

因禍得福
記第二次鄉福短宣

2002年初，神為我寫下一個最美的休止符。我被裁員後，第一次回台參加「鄉福」東石短宣近二個月，回美不久後，神賜我一個將近二年的工作，我於2004年6月底，二度被解雇，但神早已在2004年2月底為我預備現在的工作，因作業程序緩慢，到了7月下旬才開始上班。

當我再度被裁員時，我問神，是否又要我回台短宣，但顯然不是在7月份，於是我就計畫在年底（2004）用自己的休假與公司的聖誕假期連在一起，回台到蒜頭短宣。北美教會團隊則從12月10日起，陸續進入嘉義縣六腳鄉蒜頭基督教會，展開為期兩週的事工。

我於12月17日離美，19日早上10點即開車到嘉義縣六腳鄉

蒜頭教會參加主日崇拜。林信昌弟兄對妻女道歉與願為主擺上的見證,與馬Kelly姊妹說小女孩喜歡來教會找他們的見證,都令我感動與印象深刻。吳燕輝傳道的證道:「耶穌是王,博士的順服與擺上,是我們要學習的。」吃完中飯,明季也由其兄載到,下午我們利用空檔去嘉義市拜訪我們宣道會所支持的宣教士吉識恩,與他全家一起晚餐,晚上八點回到蒜頭開會,認識其他隊員。因時差關係,洗完澡後就睡著了。

每天早上八點我們有晨更,隊員一起讀經禱告,與主更加親近。早上七點多,吳傳道與我開車接送年輕的老師團去蒜頭村裡的六嘉國中做兩個小時的英語教學。年輕的老師們,頗有創意的話劇與生動教學,讓我印象深刻,團隊的精神與基督的愛充滿在他們身上,所散發出來的活力與親和力,深受學生們的喜愛。

下午有健康講座與國小英語班,晚上有成人英語班,都各有隊員負責教授。蔡明季弟兄與我負責國小英語班,我當他的助教,這是我們難得的經歷,學了新的英文歌曲與教學經驗。沒有教授課程的隊員們,則利用上午與下午的空檔時間分成幾組到街上掃街探訪與發單張。蒜頭教會剛在2004年10月份成立,北美短宣隊員們來此所做的事

工,乃是鬆土的工作,讓當地的居民知道有教會在此成立,可以成為他們的幫助,隊員們利用自己的假期來此,已讓當地居民印象深刻。

12月24日星期五晚上,到附近鄉福的東石教會借用音響器材,為要準備隔天下午的成果展,恰巧當晚東石教會有平安夜聚餐,大部分來的人我都不認識,感謝主,還能遇到幾位2002年在東石所認識的弟兄姊妹,也感謝主,看見東石教會的成長,是有神的祝福與聖靈的做工。

12月26日主日崇拜,蔡明季與我有個人的生命見證分享,會後吃完中飯,隊員們就陸續離開蒜頭,除了我留下以外,又來了兩位新的隊員,再繼續了一週的事工。由於隊員少,我們有較多的時間可以彼此分享與唱詩禱告。感謝神,這是額外的恩典,與吳傳道夫婦並兩位隊友,可以彼此認識更深,有更多的時間與主親近與互相代禱。我們與吳燕輝傳道夫婦一起在2004年最後一天晚上作跨年禱告,深感神的同在與特別的恩典在我們身上。

2005年1月2日主日崇拜,吳燕輝傳道一人獨力領會與證道,會中他呼召,有4位表明要受洗,我內心感動而流淚。神的愛觸摸了他們,感謝聖靈的動工。

第二次鄉福短宣,就在此告一段落,但聖靈的工作還沒有

結束。神感動我，要我時時來倚靠祂，祂考驗以利亞，藉烏鴉與寡婦的供養來堅固他對神的信心，同樣祂也藉由兩次的被裁員來考驗我對神的信心。祂感動我，要來親近祂，向祂禱告，尋求祂的旨意；祂教導我，指引我人生下半場的方向。鄉福短宣，讓我更親近主，靈命更加成長，且於主的大使命有分，讓我活得更有意義與充滿活力！

（編按：作者徐銘宏是密西根州底特律華人宣道會的弟兄，參加愛恩教會2004年冬季嘉義蒜頭短宣隊。）

2

■ 千橡城基督教會　李宗武

一個負擔，
一個呼召，
一個異象

記2004年冬季台灣短宣

「李弟兄！趕快！作完禱告我們就要出發去探訪啦！你準備好了嗎？」幾位隊員在門外邊喊邊走的來到了門前……回到加州的第一個早晨，我被這樣的一場惡夢驚醒了！

傳福音宣教是搶救人的靈魂，把人從黑暗帶到光明，從撒但的權勢領進神的國度，是一場屬靈的爭戰，不是靠自己，乃是靠耶和華的大能方能成事。

經過五、六天的撒種、澆灌、跟進之後，原先拒絕的，表

示願意更多了解；懷疑的，變成接受。原本徘徊在門外的，走進門裡；初信的，得到堅固。

一週下來的經歷告訴我們，基層福音的工作，只要有去傳就有肯信的，多用愛心、耐心、關心與他們接觸，給他們一點時間，終能成為天國子民。

苗栗縣頭屋鄉一位退休的老先生閒在家裡，我們第一次去，他很熱忱地歡迎我們，但對福音卻很冷漠，我們第二次去，他才開始對福音有一點興趣。我們要離開的前一天去探望他，再與他談道時，他竟然決志接受了主。

另一件在鄉村短宣福音工作經歷的是「三多」：

1. 喝茶多：常常一杯又一杯地被敬。
2. 走路多：一家家一戶戶地掃街探訪。
3. 講話多：話家常、談宗教、講福音。

有人問我，為什麼想參加短宣福音隊來到台灣鄉下？我只能說，那是一個負擔、一個呼召、一個異象。是的，台灣的百姓很迷信、社會很混亂，那表示更需要福音、更需要真道。「然而，人未曾信祂，怎能求祂呢？未曾聽見祂，怎能信祂呢？沒有傳道的，怎能聽見呢？」（羅馬書十章14節）

（編按：作者李宗武是南加州千橡城基督教會執事，參加愛恩教會2004年冬季苗栗頭屋、嘉義蒜頭短宣隊。）

■ 愛恩台福基督教會　董香蘭

3 廟裡傳福音的經歷

2001年夏季短宣在彰化縣田尾鄉

我能做什麼？

參加短宣最有得著的還是自己。感謝神讓我有機會學習，更願意來見證神的榮耀。

當愛恩教會同工在分配短宣隊員工作時，想不出我能做什麼？其實我自己也不清楚，我既膽小、不敢開口，英文又不好，重活更是做不來，險些打退堂鼓。感謝神讓我想起祂的話：「我的恩典夠你用的，因為我的能力，是在人的軟弱上顯得完全。」（哥林多後書十二章9節）

這次短宣我負責家庭探訪及個人談道，藉著婦女清晨買菜

的時間,到菜市場發單張傳福音。所遇到的幾乎都是拜拜的,挑戰真大。用手中的四律小冊子,靠著聖靈的帶領個別談道,只傳耶穌。感謝主!憐憫我,竟讓我嘗到靈魂得救的喜樂。每天傳,見人就傳,都有人決志。

偶像面前

在彰化田尾開醫療講座時,神奇妙的安排是在廟裡。身為基督徒的我,走進廟裡真是戰戰兢兢、如履薄冰,深怕那些身材又高又黑的偶像,怒目圓睜,像是會跳下來似的。偶像前置著一個足有三人雙臂合抱的香爐,爐上還留著幾根沒有燒盡的香,想像在香火鼎盛時檀香繚繞氤氳,令人窒息。光這些硬體就足夠叫人心驚膽跳了,更何況我不曾進過廟。大家先在廟前禱告,再繞著廟走禱,再進入廟裡圍著一圈,手牽手同心齊聲宣告主耶穌的名得勝,主寶血潔淨。再到附近人家發單張,邀請村民來聽講座。

我做了什麼?

晚上,講座就要開始,廟裡的管理員用擴音器向村民廣播,漸漸地,三三兩兩的村民穿著拖鞋、搖著蒲扇,有的口嚼檳榔,陸陸續續來到。村長、里長、幹事也都來

了,而且熱心幫忙倒茶水、排椅子。我見機會難得,趕緊發單張,並在結束時,向這三位地方首長傳福音,心想擒賊先擒賊王,如他們能信耶穌多好。於是先禮貌地感謝他們的幫忙,就開始講耶穌。

來台灣以前,林醫師就為我們授課民間宗教,於是現買現賣提醒他們,台灣一年燒掉100億台幣的銀紙,浪費錢財又空氣污染,燒王船、迎佛牙不但燒真品,神明也比以前現代化了,冰箱、手機、電視等,如果神明有知,豈不會責怪這些善男信女過去燒紙紮的贗品欺騙了他們?

我身上備有一元美鈔,拿出來展示給他們,上面印著"in God we trust"美國人敬畏神,所以神祝福滿滿。這三位長官還問:「是真的嗎?」「當然!如果沒有根據,怎麼敢印在紙鈔上面?」我特別請站在身邊的林醫師出聲唸給他們聽,他們好奇地看著、聽著,我就客氣地說:「台灣民間風俗的革新全靠你們了!」這下福音傳了,在廟裡、在偶像前,不但沒被拒絕,還禮貌地送我們上車回教堂。哈利路亞!

奇妙的經歷

回到教會(我們住宿的地方),洗澡時發現手臂大腿起疙瘩、發紅點,先是吃了一驚,以為是過敏或中毒,但沒吃什麼

呀？難道真的是屬靈爭戰？！快請莊牧師、師母及兄姊為我禱告，第二天才慢慢消退。

「你們要靠著主，倚賴祂的大能大力，作剛強的人。要穿戴神所賜的全副軍裝，就能抵擋魔鬼的詭計。」（以弗所書六章10～11節）是的，緊緊地捉住神的應許，不要怕，隨時儆醒禱告，放膽傳福音，將結果交託給神。真是一個奇妙的經歷！

4 我在台灣遇見神

■ 洛杉磯台福基督教會　邱佳和

美國少爺成竹在胸

今年（2004）夏天我報名參加台灣短宣隊，不是因為對宣教有負擔，我只想趁機回台灣探望親友，同時享受世上最好吃的東西。我的動機一開始就不對，然而，神卻幽默地使萬事互相效力了。

初抵台北的兩週，我吃喝玩樂、逛街採購、拜訪親友。我們的短宣隊要開始集訓了，我還是吊兒郎當的。哎喲，本少爺早已教了兩年多的兒童主日學，是專家了，才不需要什麼訓練和準備的！反正在美國用英語教聖經故事，到台灣改用中文教就是了。因此，集訓中，該嚴肅時，我卻處處開玩笑；該專心聽講時，我卻在胡思亂想。

台灣囝仔歹剃頭

到了正式教學的第一天,我才知道大難臨頭。我被派去教12個孩子,一個比一個吵鬧不安,每個都像患了過動症。不論我怎麼吼叫,他們還是我行我素,甚至翻天覆地,氣得我恨不得狠狠揍他們一頓。惱怒和挫折感在我心中沸騰,若不是神的恩手引領,我真不知如何捱過那痛苦的三小時。

那天結束時,我疲憊萬分,不是因為花太多時間在管教孩子和帶他們玩,而是我「散功」了,因為我用太多精力在控制自己的怒氣。我向來缺乏忍耐的美德,碰到問題時,只要動用我強壯的手腳,兩三下就可解決了。在短宣中,我的老我完全無用武之地。在美國,主日學的孩子大多來自信主的家庭,較守規矩且有心學習。然而台灣鄉村的孩子——連「真神」、「撒但」都沒聽過的孩子,第一天就讓我慘敗了。**集訓時,當牧師說宣教是屬靈的戰爭,我竊笑;現在,我終於體會他說的是真理。**

跪在主前求赦免

那天晚上,我們的團隊有禱告和檢討會,我據實報告了我的失敗。會後,我安靜地到教堂,關掉燈,放著詩

歌，跪在十字架前，向神大哭一場。我先求祂幫助我，然後求祂赦免我——赦免我的壞脾氣、我的驕傲和懶惰。

　　禱告中，神用祂滿有恩典的話來安慰我。祂說，我們愛，因為祂先愛我們。這些孩子在我的班上，是祂的旨意；當他們還在母腹中，祂就為他們做了計畫，就是祂的愛。這些孩子尚不知有一位極愛他們的天父，所以神要我來這兒，以神愛我的愛來愛他們……突然，我的惱怒消失了，取而代之的是神的大愛。當我的罪被神赦免，我的心被愛滿溢，眼淚就泉湧出來。我感覺天父把我抱在祂的膝蓋上，輕聲安慰我：事情會好轉的……。

美好的一天

　　第二天，我以嶄新的心和謙順的態度走進教室，神幫助我看到這些孩子對愛的飢渴，也幫助我用不同的方法來教導引領他們。於是，一切豁然開朗，我經歷了一生中最美好的一天。

　　我到台灣，為要傳播愛的種子，並幫助人在主裡成長。結果，我是成長最多的一個人。

　　後記：我十九歲，在此要特別感謝我的父母——邱英義、惠惠。自我幼年，他們就教導我要把神的話藏在心裡，免得我得罪祂。雖然我曾多次偏離神的路，他們一次次引領我回來，

他們真是最棒的父母。我也要感謝許多主內的兄姊,因著他們的支持和禱告,我才能經歷這麼有意義的短宣之行。

(編按:作者邱佳和是南加州洛杉磯台福教會的青年,以上是他參加2004年夏季愛恩教會的台灣短宣隊、在台中縣大安福音中心一個禮拜的見證。)

福音天軍降寶島

5 緊緊抓住神，去愛那些孩子

■ 爾灣新生命靈糧堂　曾昭陽

緊緊倚靠神

台灣短宣（2007年7月）出發的前一個星期，是我壓力最大的時候。在家得罪太太，在外有公司的工作壓力，所有的事工只有夜闌人靜時才能思考。有好幾天，到夜裡兩三點都無法入眠。我跪著，在靈裡禱告神，求主用我。因為我知道神讓我到美國，也許就是為了傳福音給這些在台灣的孩子。Howard在短宣結束時問我說：「你為什麼那麼大膽，完全沒有經驗就帶隊回台灣短宣？」我想大概就是沒有經驗，才會緊緊倚靠神，而不靠自己。所有的事情，從組員、教材，到招生都是神的恩典。

首先我們服事的台中市西屯區上石國小，竟然忘記把我們的英文營放在暑期輔導課的宣傳單上。我們禱告，神就做工。在補發傳單後的兩天，報名人數就額滿了。我們有個組員的美國護照一直下不來，我們迫切禱告，她的護照最後在出發前兩天下來。感謝主，神自己預備組員，從當初的3人，到6人，到8人。每個人都是上午六點多起床，晚上十一點多才睡。感謝你們的禱告，那麼重的服事，在不足的人手下，神展現祂的大能，將福音傳給超過102位小學生、30位國中生。其中我學習到最大的功課是愛人。

最大的功課是愛人

我舉一個例子。Howard分配到高年級的班上教課。因為高年級的小朋友最調皮，其中有一個男孩更是過動，只要他不說話，全班就會安靜一半。每天他被安排坐在Howard的旁邊。我想，他那時一定很不喜歡Howard老師。第三天下課後，所有的人都走了，他因為作業沒寫，留在教室補寫。好不容易寫完，他就如獲大赦，一溜煙要跑走。這時只見Howard大聲把他叫住，你們猜猜發生什麼事？Howard對他說：「回來，你忘記抱抱。」因為Howard的教室規則是："Everybody needs to be hugged before you leave."（每一個人要離開前，一定得先抱抱。）我看到小男生飛奔過去抱著他，緊緊地抓著他。這一幅圖畫將永遠在我心中，因為這就是愛。兩天後，Howard在課堂上問：「有沒有人願意更認識耶穌？」幾乎所有的小朋友都舉手。感謝主，讓我們沒有選擇在家裡看電視、吹冷氣過暑假，有機會去經歷神。Avon告訴她母親，現在她終於知道為什麼神要他們抽中綠卡到美國來。

我們有人來美國三年、五年，有人十年、二十年，為了更好的生活、為了子女能受更好的教育、為了自己的抱負。這些都很重要，但神把我們帶到美國，也許更重要的是要我們把福音傳回去我們的故鄉。有人說過台灣福音的土硬，一樣在美國傳福音，也許50人信主，在台灣有5個人信主就不錯了。但求主讓我們不要只看人數，永遠不要放棄台灣。記著我們生長地方的孩子們，去愛他們、傳福音給他們。

最後謝謝所有的組員的家庭，願意放心把你們的孩子交給福音隊。我也不住為他們禱告，他們為福音的付出，使他們更多經歷神。而神也看顧他們的學業、交友和感情。也謝謝陳牧師的鼓勵，這次跨宗派短宣能如此成功，因為是靈糧堂的短宣隊在台福教會接受訓練，去服事吳勇長老的禮拜堂體系。我們大人有不同的體制，但孩子沒有，他們都是屬神的。我也相

信，將來見主面的時候，所有的服事、退修會、小組聚會，各般的服事，都要經過火般的試煉，我深信「傳福音給孩子的工作」，必定會留下。

（編按：作者曾昭陽是南加州柑縣爾灣新生命靈糧堂的弟兄，2007年夏季自行組成台灣短宣隊，與愛恩台福教會短宣隊一起在愛恩台福教會受訓。）

福音天軍降寶島

6 在最陰暗的角落看見神的光輝！

■ 橙縣中華福音教會　王倩倩

2005年夏季台灣短宣記實

原本以為像我這樣坐四望五的中年婦人，在台灣英語夏令營中大概只能扮演保母的角色，沒想到神卻這樣使用我，在祂手中，再平凡的人都能成為榮耀的器皿。真是讓我開了眼界，看到福音的大能，看到神如何憐憫台灣最弱勢的一群。我們的神不僅活在美國、活在中國，更活在台灣，**看到被服事的台灣同胞與參與服事的美國大孩子，生命同時被神改變，那種震撼，比參加任何培靈會還要真實與感動。**

台東監獄福音的腳蹤

台東有兩大名產：釋迦與監獄。

在台東共有六間監獄,主要參與監獄事工的是曾媽媽,她今年六十八歲,小學沒畢業,也不會開車,但卻贏得無數受刑人的愛戴與尊敬,一做就是十六年,每天風雨無阻的到各監獄、戒毒所傳福音。真是「有愛行遍天下」,我們這次就是與她配搭服事。

這次與張玉明牧師、曾媽媽走訪了四所監獄、一所戒毒村,由於我會吹奏長笛,長笛曲風有點哀怨,頗受受刑人歡迎。我演奏與教唱詩歌、牧師短講,於是我們一行穿越各監獄的重重鐵門,在受刑人面前開起佈道大會。

印象最深刻的就是台東綠島監獄,由於綠島關的大多是重刑犯,戒備更是森嚴,獄方並沒有準備任何場地供我們佈道,於是我們就在牢房外的走道傳福音,犯人在牢房內吃喝拉撒,因此有股很重的尿騷味,加上陰暗、炎熱、沒有任何設備,獄卒特別警告要離犯人遠一點,更增加了我們的戒慎恐懼。但神的意念高過人的意念,福音的大能不受任何環境的限制,當我開始演奏詩歌,這些重刑犯竟然出奇的平靜與專注,我可以感受到聖靈的同在,演奏與教唱完畢,留給牧師的只有短短七分鐘,牧師講道完畢呼召時,竟然有十幾位受刑人舉手願意相信耶穌。

最後唱回應詩歌時,許多受刑人紅著眼眶,那種凶神

惡煞的表情完全不見了。連看守的獄卒都深受感動，不但跟著唱詩歌，臨走時對我們說：「我是為了一口飯才到這種地方工作，而你們卻沒有任何酬勞只為傳福音，大老遠從美國來這裡，你們的神真的不一樣。」

彰化縣員林鎮 員林兒童佈道

員林靈糧堂是我的第二站，這裡有愛加倍社區服務中心，專門收留弱勢家庭的孩子，如：單親家庭、暴力家庭、外籍配偶等的孩子，這些孩子在學校大多是屬於所謂「放牛班」的小孩，每位孩子的背後都有令人鼻酸的故事。他們不僅很難教導，在行為上也有很大的偏差。剛開始的第一天，讓我們這些從美國來的大孩子差點抓狂！

由於有許多孩子是在拜偶像的家庭長大的（阿公阿嬤帶大），於是我們在每晚準備課程時用禱告代替，課堂上盡量傳遞救恩（孩子英文程度非常差），當孩子吵到老師無法教課時，就呼喊：「倩倩阿姨！」於是我就把班上的「問題兒童」帶到一旁關心他們、問候他們，然後拉起他們的小手一起禱告。當孩子回到課堂上課時果然乖很多，老師們好奇問我到底做了些什麼？說穿了也沒什麼，只是把他們交給神，如此而已。

就這樣，頑皮的孩子一個個變乖了。其中有一個孩子的爸

爸是乩童,當我為他做潔淨禱告後,竟然從班上的搗蛋者變成老師的好幫手。

最後一天,準時九點開始敬拜,所有的小朋友都到齊了!經過兩天的呼召與教導,孩子乖巧很多。唱詩、舞蹈、樂器演奏,穿插美國大哥哥、大姊姊的見證,只覺得是聖靈的工作充滿在整個會場,老師們(在地的、美國來的)都紅著眼眶。好幾次我們老師的見證都講不下去,孩子們喊著:「老師,加油!」才在哽咽中完成。

員林靈糧堂的牧師、同工,也深受感動。當見證結束後,我呼召小朋友不僅要舉手,還要走上台站在十字架面前禱告,認真決定,要將一生交給耶穌,沒想到幾乎所有的60位小朋友都上台,很奇妙,還有爸爸作乩童的那五個孩子竟然都紅著眼眶上台,沒有媽媽的、沒有爸爸的、受虐的、頑皮的、打人的,都平和地陸續上台,我請每一位老師按手在孩子身上,為他們祝福禱告。每一位孩子都大聲跟著我做決志禱告。大人、小孩哭成一團。神的慈愛、神的憐憫大大充滿會場,充滿在每個孩子的心中。耶穌正伸出慈愛的雙手安慰他們。神果然在我們中間行奇妙的大事!

(編按:作者王倩倩是南加州橙縣中華福音教會的姊妹,參加愛恩教會2005夏季台灣短宣隊。)

附錄

【附錄1】鄉村小故事
【附錄2】台灣宣道之展望與省思
【附錄3】台灣鄉村宣道訓練資料

附1錄

■ 愛恩台福基督教會　友尼基

鄉村小故事

　　因著台、美兩地在文化、言語、生活習慣各方面上的差異，七、八年來，累積出一籮筐幽默小故事。今取其一、二，博君會心一笑！

我一點辦法都沒有

　　對基督徒而言，大使命是一定要遵行的命令。有一則想像的故事這樣說：當主耶穌向門徒頒佈大使命後，就升天了。在天堂，天使問祂說：「主啊！祢救世人的工作完成嗎？」主說：「救贖的大工，我已告成。傳揚的那一部分，尚未完成。」

　　天使再問：「主啊！我不是不歡迎祢回來，可是沒有傳播者的宣揚，人怎麼會信呢？」主說：「我已經將傳福音的責任交給了門徒。」天使又再問：「主啊！請原諒我再問一次，如果他們不去傳，怎麼辦呢？」主感慨道：「我一點辦法都沒有。」

三自短宣隊

　　台灣政府規定,為環保之故,禁止使用塑膠碗筷。故此,2002年夏季短宣隊買了三十個大鐵碗。又鄉村小教會哪來夠用的棉被?所以,又買來三十條毛毯。北美台福愛恩教會台灣短宣隊就自稱是「三自短宣隊」:自掏腰包、自帶碗筷、自備棉被。

呷碗公

　　在嘉義縣灣內村做宣教接力時,娘媽堂老人活動中心的健康講座由俊誠執事講美國文化,就是基督教文化。講到耶穌時,老人家不但沒有反彈,反而專注看這個酷似美國人(膚白又手臂毛髮叢叢)的「阿督ㄚ」(大鼻子),台灣話講得這麼好!還陪他們泡茶開講。中午林醫師和俊誠執事回來福音中心各拿一副碗筷去和他們吃午餐,因為大家都得自備碗筷。他倆從福音中心拿了短宣隊留下來的大麵碗去。那些老大人看到他倆帶的碗不禁驚訝地說:「米國人呷飯碗這呢大?!」(美國人吃飯用這麼大的碗?)真是有夠歹勢(不好意思)!

外勞、美勞

　　「一冥有好睏麼?」(昨晚睡得好嗎?)嘉義縣六腳鄉蒜頭教會吳燕輝師母為體諒隊員疲勞又「睏嘸飽」(睡不飽),為我們預備床墊、厚厚的棉被、枕頭等,花費了他們大半的預備金。當她一口氣買下十八套睡具時,店員說:「你家有這麼多『外勞』?」何嘗不是!我們這批短宣隊是「美勞」!

日光之下無新事

　　大部分的人不知道芬園在那裡？

　　「從台中干城車站搭豐原客運到南投草屯，再轉彰化客運到芬園社口下車，左轉入街，再右轉入巷就到了。」（無地圖、無街名）

　　「唔知影？」（不知道）

　　「……去了再問，不會差很遠的。」

　　這是我們所得到如何去芬園的路線指示。

　　車子一路走鄉間道路，真是不乘公車，不知民情。除了乘客不按站牌下車，司機與乘客聊天外，今天所經歷的事，實在值得提筆作書，與你分享。

　　老舊公車走在鄉間往芬園的公路上，突然緩慢下來，橫過馬路駛入反方向的路旁停下，以為到了站，往窗外一瞧……天呀！還得了！這麼一部大公車竟然停在……眼看對面來了一輛小轎車，它竟也見怪不怪「老神在在」慣性的擦身繞過！看看司機在做什麼？……向個穿得少又涼的檳榔西施買檳榔，看他們那熟悉的動作及會話，已經不是昨天才發生的事了……日光之下無新事！？

平安何價？

　　苗栗縣頭屋鄉客家莊，迷信重，男主權又主家，女人要上教會得看先生的臉色。這兒有一特色是：幾乎家家戶戶在門框上貼平安符，不是一張而是十來張一整排的掛著。這些平安符來頭不小，是向廟主花錢買來的，有的還是請大師加持過再貼一張八卦，表示家庭設神壇。

　　這裡鄉民敬鬼神、拜祖先，又怕鬼神陰魂攪擾，所以買符保平

安,買了平安符又怕失去平安,還是提心吊膽再多買,年年買。不但街上建廟(廟前貼了一張公告:女人不潔不得進入),更在山上立了一尊大觀音像,面向整個頭屋鄉。如果平安符果真能帶來平安還怕什麼?為何得每月交費,難道只能一個月有效?如果有平安,那麼廟公豈不都失業?

經上說:「我將我的平安賜給你們。我所賜的,不像世人所賜的。」(參考約翰福音十四章27節)真正平安來自真神⋯⋯耶穌基督,不是任何人能給;任何「物」能帶來。

拜就是了

趁2002年夏季短宣之際,莊澤豐牧師與林華山醫師夫婦走訪台南縣佳里聖教會,預備未來短宣隊事奉的工場。順道也走走台南麻豆鎮,這是莊牧師早年服務警界的管區,整個街坊沒有多大改變,除了麻豆代天府以外。

代天府佔地三甲餘,分建前、中、後三大殿,可供數千人同時參拜。廟宇南側觀音寶殿,呈橢圓型,內供奉一金尊觀音像本身約有二層樓高,旁邊有十萬盞光明燈(每盞代信徒點燈200元)那就是二千萬元的「光明費」收入。有遊樂場似的十八地獄十殿閻羅王(沒敢進去)、水晶宮、另有五十四公尺長騰空跨地的巨龍,可供進龍身看天堂景(進天堂了,失望!只不過是麻豆街景。)百輛遊覽車停車場、二千五百間客房、一百五十桌同時用膳的餐廳、大會議廳、花苑亭榭樓台、健康走道⋯⋯。

看到幾個鄉間耆老坐在五府千歲神像前長板凳上口嚼檳榔,你一言我一語地交談種種是非,趨前相問:「五府千歲是那

五府?」答:「唔知影(不知道)啦!拜就是了!」

雅典有「未識之神」廟,台灣不但有拜「未識之神」的人,更有「落難神明廟」!

「神明」坐車免錢!

大甲有出名的鎮瀾宮,大概是拜拜的日子,一路看到善男信女抱著他們的神像坐火車、擠公車,人要買票,行李免費。那……神像是「人」還是「行李」?

真假皮鞋

2004年冬季短宣在嘉義縣六腳鄉蒜頭教會。馬醫師夫婦來訪,帶來吃的(短宣隊最歡迎了!)和去宜蘭的火車票(真難買!),感謝他們的幫忙。正要送走他們時,只聽見華山從四樓往下直衝喊著說:「誰穿了我的皮鞋……?」奇怪?還有人會要他的鞋!只見馬醫師也往樓上跑……華山嫂對他說:「沒關係,你如果看上華山那雙台幣300塊買的『皮鞋』,就請留下你的皮鞋吧!」「可是,我的是台幣290塊ㄟ……」

滾水?開水?

2001年夏季短宣在彰化縣田尾鄉。跟著鄭祚騰牧師拜師學藝,鄉間傳福音另有一套「呷茶功夫」。家家主人好客,客廳皆設有泡茶道具,包括小型瓦斯爐。入座後先喝「燒茶」,不管七月天有多熱。有一次實在口渴,向主人要一杯冰水,見主人面有難色,連忙改要一杯「開水」。看著主人在茶具上熟練的大杯小杯倒來倒去的,終於遞給了

我們一小小杯「燒滾滾」的白「開水」。原來他顧名思義,「開水」乃是「滾開的水」,最後還是用芭樂汁解決了口渴。

出奇乖巧

小朋友喜歡聽故事,講到耶穌時代的羅馬政府,遂問小朋友:「知道羅馬政府是怎麼樣的嗎?」一個小朋友不加思索舉手大聲回答道:「民進黨!」

「宇宙萬物的創造者,神⋯⋯」話還沒說完,小朋友拉著老師的裙邊:「我知道!我知道!是玉皇大帝⋯⋯」「不是!⋯⋯」老師還在回答,小朋友中又有人自告奮勇改正說:「是媽祖!」「是觀音!」

他們不過是小學一、二年級的小朋友,再不傳福音真不敢想像⋯⋯。

臭耳(重聽)人

庄腳(鄉下)傳福音還是用台語顯得親切多了。一次,教老先生禱告時要說:「奉主耶穌⋯⋯」老先生耳重聽,莫名其妙地反問:「為什麼要『用水洗身軀』?⋯⋯」

隨時傳福音

2006年冬季短宣在屏東縣滿州鄉。交通這麼進步的今天,到屏東縣滿州竟然要大公車換小公車,再換小汽車,輾轉從白天坐到夜晚。到達屏東恆春時,計程車司機進前來問:「要去教會嗎?」「你怎麼知道?」我們甚是驚訝地反問,是聽錯了

220

呢?還是坐昏了頭?我們大老遠從美國來要勸這裡的百姓去教會,怎麼反倒會有人問我們要去教會呢?原來他已經帶了兩批短宣隊員進教會去了。

更妙的是,林醫師抓住機會向司機傳福音並勸他不要呷檳榔時,司機回答說:「前兩批人也都向我傳教過了啦,他們還說:『有一位林醫師要來,他一定會勸你不要吃檳榔。』我猜想你一定是林醫師了!」感謝主!這批短宣隊員都「過關」了⋯⋯得時不得時,隨時傳福音。

呷檳榔

2006年冬季短宣在屏東縣滿州鄉。這地產檳榔,老人家呷檳榔情有可原,但「希奇」的是八、九歲的小學生呷檳榔一點都「不希奇」,老師也不禁止。

早餐店三個女老闆口嚼檳榔忙得不可開交,塑膠袋打不開,就用手指沾沾滿嘴檳榔汁的唇舌弄濕指尖,把塑膠袋打開後,再拿饅頭裝進去,又用同一隻手找錢⋯⋯短宣期間神特別保守,沒有人拉肚子。

胡秋?鬍鬚

到路加醫療傳道會台北市辦公室參加他們的晨禱事工會。會後和總幹事董倫賢牧師夫婦一齊驅車前往台北縣坪林翡翠水庫,參加台灣基層福音差傳會的同工退修會。照著陳士廷牧師的指示:「北宜公路直走經過新店、碧潭到坪林,看到一個哩牌寫35,馬上就會看到『胡秋茶園』右轉就到了。」沿途順著蜿蜒的山腰走,滿山茶田,只是哩牌35看到了,再來看到的卻是「鬍鬚茶園」找不到「胡秋茶園」。

原來當林醫師聽電話取得路線指示時把「鬍鬚茶園」寫成「胡秋茶園」。既非錯字也非別字,「鬍鬚」乃「胡秋」(台音)也。

乘勝追擊

2002年冬天,董香蘭姊返台參加台灣冬季短宣,知道台灣人信主的比例超低,所以只要一有機會絕不放棄。

登機時心想:誰是幸運兒?果眞一位人過中年的顏女士,住新店,當場就決志。還談起祭拜的事,她感慨地說:「是啊!拜了三十多年,越拜越窮,想請佛教移走偶像要五萬元,外加租金。」「請問你們除偶像要多少錢?」

又在坐往苗栗縣造橋鄉報到的火車上,旁邊坐著一位剛從學校畢業的范小姐,車到嘉義(約半路)她就決志了。坐在後面一位女士姓吳,竟然主動向香蘭要單張,於是香蘭要求換個位置坐在她旁邊,她也決志了,並幫香蘭將單張傳給她隔壁的女士黃小姐,她一口回絕,香蘭不氣餒繼續和她談,也一面禱告,只是車已到站,只好互相留下地址,盼後會有期。

屬靈爭戰

在苗栗縣造橋鄉造橋佈道所(也是陳希耀牧師的住處)有客家團契查經。隊員董媽媽生平第一次用客家話唸聖經。當她大聲朗讀時,突然天下大冰雹(難得發生),叮叮噹噹的打在外面的鐵皮屋頂上,為這突發狀況,會眾驚愕得不知所措,牧師大聲宣告哈利路亞,基督得勝!

74歲的董媽媽一向安靜、默默服事，去國將近三十年，聚少離多，親人未蒙恩，一直耿耿於懷。趁這次短宣到家鄉苗栗，不顧年紀老大被拒，勇敢報名參加。神憐憫有心人，不但讓董媽媽突破了屬靈的瓶頸，更一次又一次的賜渴慕的心。

「抱」在一起？

　　在苗栗縣造橋鄉短宣時，晨更後，林醫師說笑話，大家「笑甲身軀直直搖」（笑得東倒西歪）。舉一例與君分享：

　　一會友問牧師：「牧師啊，你們夫妻睡有沒有抱在一起？」

　　「弟兄啊！這問題太敏感了，不過……是啦，我們夫妻睡有時會抱在一起。」牧師悄悄附在弟兄的耳邊回答。

　　「不是啦！牧師，我是說，你們夫妻的『所得稅』有沒有報在一起啦！」

搶西瓜

　　在嘉義縣東石鄉東榮國中短宣，這天禮拜四只有一堂課，正好讓老師們喘一口氣，預備禮拜五有半天的節目及禮拜六的歡樂時光。每天有課後檢討會，Michael老師被問到：「有沒有『唱詩歌』？」（台語）Michael老師台語是有聽沒有懂，莫名其妙地回答：「怎麼會有『搶西瓜』？！＃※」

三碗豬腳

　　短宣隊到達「工福」桃園中壢福音中心已是下午五、六點了，放下行李就趕去參加泰勞的聚會。去前先請教張仁愛傳道，泰國人見面

如何打招呼？「雙手合併舉在面前笑著說：『三碗豬腳』（台音），就是『你好！』」張傳道並建議去和他們一齊聚餐。哇！吃泰國菜！滿懷希望……，天啊！泰國菜辣得發麻！還用「右手」吃！為傳福音吃飯可不簡單耶！

聖誕老婆

　　主日，短宣隊在工福中壢福音中心的主日學服事。七、八十位大小朋友合班，我們是一套戲演遍全台灣，一向一帆風順。今天照樣由我這六十歲的醫生娘「嘸牛駛馬」（濫竽充數）扮演聖誕老人。沒想到，出場時竟被一位小朋友當場大聲說：「啊！是聖誕老婆！」底牌被揭穿，啼笑皆非！

加州Fremont以馬內利教會

　　短宣在屏東縣滿州鄉，今天主日（2006年12月17日）天冷風大，敬拜前有秀芬姊的一場「酸檸檬變成甜果汁」，招來了不少大人、小孩，滿州教會呂傳道說，「能有10個人來就算爆滿了。」感謝主！鄉民雖是陸陸續續地來到，還是坐滿堂。多虧秀芬姊，兩個碩士學位的她，來到這個檸檬既酸又已經擠不出汁的滿州，不嫌大才小用，只因主呼召，吾往也！

　　主日敬拜誰能想到，主的同在不拘教會大小、人數多寡。媽媽司會兼領敬拜、帶動唱，女兒司琴，原住民弟兄自學自鑽的吉他配樂，又彈又唱，時又擊打成鼓聲，呷檳榔的阿婆、穿拖板的小孩，和我們這一群「米國人」一起又唱又比，我想這時天上眾聖徒一定恨不得加入我們。

神的家真是豐富

　　滿洲教會會友中有賣炸雞排的……我們就吃雞排；慕道友中有養雞的（放山雞）……我們就吃麻油雞；有養羊的，為要再去探訪他，藉機買他的羊肉，他乾脆替我們煮一鍋「羊肉爐」……我們就進補；那知他也養豬，而且剛殺了一頭，所以又買些豬肉……我們吃滷肉飯；有鄰居阿婆送來自家種的青菜……神的家真是豐富。

開肉車遊街放送

　　呂傳道借了一部「賣豬肉ㄟ車」（很像美國pick up truck）鄉下賣肉是沿途「放送」（廣播），村民聞聲出來買肉。原本香香、秀芬要陪呂傳道去沿途「放送」明天的聖誕節晚會，香香興致勃勃的，就是坐在後面透天的豬肉墊也願意，但因為呂傳道人不高，腳踩不到剎車，只好改由朱長老和華山。

　　下午三點鐘他們出發準備繞完滿州鄉七個村，沿途南到北，經過海邊、越過山坡地，走過一村又一庄，來到廟口前、樹下，兩人輪流報好佳音、唱〈耶和華祝福滿滿〉。是的，讓耶和華祝福遍滿這地的百姓！

聖誕晚會

　　晚上的聖誕晚會改在滿州鄉公所二樓，以往都在鄉公所大門前廣場。真搞不懂，小孩面對這種落山風要怎能「站」得住？

　　小教會本來就人手不足，福音隊來正好幫上忙。林醫師站在鄉公所門前指揮交通（想不到這個地方連個7-11都沒有，竟會有這麼多車！），不知是摸彩的獎品吸引人？（五台鐵馬、三個CD Player）還

是昨天的「遊街放送」有效？還是禱告？大爆滿！！兩百張椅子早就坐滿了，只好請小朋友席地而坐才稍解困境。

地方的幼稚園、社區的婦女會、古月胡國樂社、教會等合辦，獨樂樂不如眾樂樂，在歡樂中，我們把耶穌救世主為人類來誕生的信息帶入，皆大歡喜！

走江湖

退休後林醫師喜歡自嘲「走江湖」、「賣膏藥」。江湖人有句順口溜，略為改寫，就是我們的寫照：「頂走雞籠（基隆）、宜蘭，下走恆春、打狗（高雄），中部直達中寮、埔里社，小弟一走兩、三名，來到你家工夫你攏知，悽慘落迫、甘苦病痛、鬼神摸到、賭鬼斬到……耶穌至到，現呷現好！魔鬼現倒！」（台語發音）。我們用一個半月的時間台灣走透透作健康講座，所到之處、所見之人相信都不是偶然的，乃是神刻意的安排。在這結束之際，對神、對人獻上無限感恩，讓我們經歷祂的同在，看見祂的帶領。只懇求寶貴聖靈繼續做工直到神的旨意成就，神的心得到滿足。

人會來來去去，社會變變遷遷，神的工卻要持續不斷，永永遠遠，阿們！

偶然

誠如楊宜宜傳道短宣歸來寫到，有首歌叫〈偶然〉：「偶然，就是那麼偶然，讓我們並肩坐在一起，唱一首我們的歌……縱然不能常相聚，也要常相憶。」我把它稍為修飾一下：「偶

然，就是那麼偶然……讓我們並肩為主作戰，唱一首我們的歌……縱然我們常相憶，也要再相聚。」親愛的弟兄姊妹，願我們一起去台灣宣教！

■ 愛恩台福基督教會　莊澤豐牧師

台灣宣道之展望與省思
對愛恩台福台宣之整體評析

壹、建立有效的宣教策略

一、把握宣教的契機

這些年來，神奇妙的為北美短宣隊開一條「進入校園傳福音」的門，直接向台灣最容易接受福音的小學生、國中生傳福音（只要用一週去愛他們、傳講耶穌，就有80％以上會決志信耶穌）。尤其這十年正是以英文教學傳福音，千載難逢的良機。

二、五種有效的模式

1.北美青年英文教學短宣隊：能配合台灣都市教會高品質英文教學的要求。

2.北美成人青年混合佈道隊：適合做台灣鄉村地區多元化之宣教，以及幫助有心學習短宣佈道的青少年或年長成人。

3.成人鄉村探訪短宣隊：適合向台灣勞工及村民談道、發單張傳福音。

4.個人或夫婦中宣接力：進駐佈道所做關懷探訪、學生課輔、教導、帶團契、行政事工等全方位事奉實習。

5.北美詩班音樂佈道短宣隊：進入台灣監獄、社區、機關、學校演唱見證。

三、不可忽略的要素

1.宣教的路是禱告出來的

感謝神！這些年來每週都能與教會宣教同工有相聚禱告的時刻。深深感受到是神賜下負擔與引導。我也常警惕，當禱告停止時，可能宣教的火就熄滅。

2.宣教是出去看神的作為

短宣如作戰，充滿變數，常在人力的盡頭時，卻感受到聖靈奇妙的運行。主說：「不是倚靠勢力，不是倚靠才能，乃是倚靠我的靈方能成事。」（撒迦利亞書四章6節）不是我們能做什麼，乃是去看神在禾場彰顯祂的作為。

3.今天神仍然在尋找器皿

神不是揀選「能」的人，而是揀選「肯」的人。當器皿預備好時，神就開路；當人願意順服，神就使用。宣教最重要的關鍵，就是讓人從我們身上看見「神的愛」。

貳、台宣路之遠景與省思

一、開擴國度的眼光
1. 宣教學指出「如果一個教派所做的，只為顧自己，就是該教派開始沒落的時候。」感謝神的帶領，近年參與短宣之隊員人數踴躍，為充分善用神國資源，除支援台福宣教外，剩餘人力乃轉戰於資源最缺乏、最需要幫助的福音禾場。
2. 選擇「鄉福、基福、工福、客福」等鄉村開拓性或獨立教會宣教之原因，乃基於其較具跨宗派色彩，且鄉村資源短缺，易吸引不同教派同襄盛舉、同心服事。
3. 除了挑旺北美台福各教會台宣之負擔，愛恩教會也主動赴百餘間華人教會異象傳遞，並幫助四十多間教會自行組隊返台宣教，服事的對象日漸寬廣。我們的夢想是能鼓舞所有華人教會兄姊一起來做台宣，使台灣近97%的迷羊能認識救主。

二、較常遇之困難
1. 有些台灣的教會無法有效招攬學生，或缺少同工，配合較困難。
2. 營會學生以教會會友子女居多，失去向未信者傳福音之意義。
3. 教會向學生收費過高，老師傳福音較有壓力，果效不彰。
4. 短宣隊員素質參差不齊，訓練不足，缺乏美好生活見證。

三、投資效益之考量
1. 短宣經費大都由隊員自掏腰包，所以，隊員都期望能到有果效、又有學習價值的短宣禾場去服事，所以需慎選短宣地點。

2. 許多隊員係初次參加短宣，無法獨當一面，需按其專長、能力指派不同事工，鼓勵其士氣，避免遭失敗，而不敢再踏出宣教的腳步。
3. 成人青年混合隊（有些是父母攜子女參加），其能力及條件不一，較適合做鄉村福音事工，因條件要求較寬，也易受歡迎。
4. 短宣隊能激勵兄姊愛傳福音，犧牲自己，幫助弱小教會，有國度胸懷，不是只顧自己教會的需要。感謝神恩典，愛恩宣教七年，已有七位曾短宣的愛恩青年獻身作傳道。

參、從宣教到植堂的展望

一、台福台灣宣教異象

1. 台福總會：劉富理院長幾年前從神領受「為主圖謀大事，搶救百萬靈魂。」的異象；「台福台灣宣教中心」以堅固台福各教會，擴展植堂為目標，期望不久能在台灣建立100間教會。
2. 愛恩教會：除執行總會異象，也鼓勵各台福及華人或白人教會，甚至結合台灣基督徒大專生，一起做台灣宣教，共同搶救百萬靈魂。
3. 執行策略：透過異象傳遞、協助組訓、現地訓練、代為協調、開拓 新福音戰場，只要有心宣教的人，都幫助其參與。

二、台福台宣策略展望

1. 強化台灣台福各教會弟兄姊妹及同工群之生命體質，提升作戰能力。

2. 可仿傚鄉福籌辦「英文體驗營」，自行招募海外青年英文老師，返台短暫集訓，再分梯次全數投入各教會。
3. 積極培訓平信徒傳道：可由北美台福「青松會」策劃、鼓勵、培訓有心服事，或提早退休之兄姊（在神學院、或祈禱園做有計畫的培訓），成為中／長宣之生力軍，再差派投入各福音工場。
4. 呼召福音勇士返台做兩個月或半年以上之中、長期宣教接力。
5. 呼籲規模在100人以上的教會，至少都能認領一間以上台灣的教會為福音伙伴（由總會協調），並每年組短宣隊返台長、短宣。

三、宣教植堂策略構思

1. 拓荒地點之選定
   a. 由台灣台福各教會評估，例如：每一教會提出數個宣教點計畫。
   b. 由返台長宣之隊員提出其有負擔之宣教點及異象（再結合自己鄉親、母會或有負擔之主內同工一起奮鬥。）
   c. 由總會台灣宣教中心執行委員會主動協調規劃。

2. 宣教植堂之戰術
   a. 可同時在台灣開拓數十處福音據點，呼籲兄姊支援：「早晨要撒你的種，晚上也不要歇你的手，因為你不知道那一樣發旺，或是早撒的，或是晚撒的，或是兩樣都好。」（傳道書十一章6節）
   b. 由台灣宣教中心南北牧區做指導、支援、屬靈遮蓋。
   c. 統一供應《台灣宣道教戰手冊》──「如何探訪、談道、帶查經、禱告會、福音茶會、屬靈爭戰、民間宗教、協談、講道」等。
   d. 總會安排牧者輪番巡迴堅固，及短宣隊做地毯式撒種、鬆土。

e. 透過台灣基督教報刊、廣播等媒體，做多元宣教，與有負擔之教會串聯。

四、宣教經費有效規劃

1. 短宣費用由隊員自行募款、各教會每年編訂宣道基金酌情補助，或由總會統籌規劃。
2. 總會設立台宣專款，視各據點事工果效，再做重點支援，漸扶持成福音站或佈道所（參考台福總會《2008台灣宣教植堂手冊》）。
3. 對專款資助拓荒、開設教會之做法，宜審慎評估、建議：所有經費均應由資助者與被資助者兩方各負擔一部分。
4. 所有的資助均須定有「逐年遞減」之法則，才能促進、掌握被資助對象的自我成長，或自行汰換。如有特殊需要或困難，則另案處理，才不至於成為無法處置之包袱。

五、總會選定專人（正式編制）負責策劃、推展及綜理台宣事工。

挑旺、整合、成全所有的宣教資源，一起來做台宣，領人歸主，榮耀主名。而各地「台宣禱告會」的點燃、持續興旺，才是宣教的主要力量。

結論

主耶穌對宣教的呼籲：「我另外有羊，不是這圈裡的；我必須領他們來，他們也要聽我的聲音，並且要合成一群，歸一個

牧人了。」（約翰福音十章16節）「趁著白日，我們必須做那差我來者的工；黑夜將到，就沒有人能做工了。」（約翰福音九章4節）傳福音，為主贏得靈魂，是最喜樂、最滿足、也是最有價值的人生。

附錄3

台灣鄉村宣道訓練資料

短宣之門已開，
基督徒有機會進入學校、社區，
甚至廟埕、監獄、公司行號，
宣揚主的聖名。

我們更迫切需要的，
是一套植基於真理，
並可供訓練、執行的教戰守則。
讓我們得以順利進入虎穴，
更豐富而回！

1.如何籌備短宣

■ 愛恩台福基督教會　莊澤豐牧師

【寫在前面】

近年來，神奇妙地為北美及紐澳台福教會打開台灣宣教之門，且直接進入校園，向最容易接受福音的國小、國中學生傳福音，尤其這十年，正是返台以英文教學為主得人，千載難逢的良機。

＊・＊・＊・＊・＊・＊・＊・＊・＊・＊・＊

一、計畫擬訂

1.短宣日期：宜在出發之前五或六個月即確定。青年寒暑假組隊，成人可選擇在機票較便宜的時段舉行。

2.地點選定：以台福、基福、鄉福、工福、客福等開拓性鄉村教會，或自己熟悉的教會為目標，如此首次參與短宣的隊員較易達成學習果效。

二、短宣策略

1.青年短宣做法

a.透過當地教會之聯繫，進入學校，舉辦一週之「雙語福音營」、「品格營」、「領袖訓練營」、「聖誕晚會」，以英文教

學、詩歌、演戲等介紹福音。根據以往的經驗，如對小學及國中學生，用愛心與他們相處，傳講耶穌，一週後有70％以上願決志信主，再交由當地教會做後續栽培。

b.進入社區做探訪、談道、發福音單張，街頭／夜市佈道，探訪老人院、孤兒院、監獄等方式傳福音。

2.成人短宣做法

a.舉辦「專題講座」，如：保健、家庭、婚姻、親子、理財、科學。

b.舉辦「手藝班」，如：插花、胸花製作、摺彩色紙藝、教樂器。

c.舉辦「成人英文會話班」、「福音茶會」，或魔術、木偶戲表演，讓社區居民與教會自然接觸。

d.以「個人談道」、「逐家探訪」、「心靈協談」、「城鄉走禱」、「街頭佈道」、「發福音單張」等方式傳福音。

3.成人青年混合短宣隊

a.成人可協助照顧青年隊員生活飲食起居、財務管理，以及與當地教會之溝通協調，或擔任課堂助教等服務性工作。

b.帶領短宣隊的每天靈修、負責攝影、文書（代禱信、日記）。

c.帶領主日崇拜、講道、見證分享、領敬拜詩歌、教主日學、帶青少年團契，或開佈道會、培靈會、陪讀聖經、帶查經班、課後輔導等。

4.教會詩班

可組團返台，配合當地牧者赴監獄、學校、養老院、軍中、社

區等辦音樂佈道（如：愛恩台語詩班近兩年在台灣三十個監所帶領近三千多受刑人決志）。

「早晨要撒你的種，晚上也不要歇你的手，因為你不知道哪一樣發旺；或是早撒的，或是晚撒的，或是兩樣都好。」（傳道書十一章6節）

三、徵召隊員

1. 暑期短宣隊應每年1至3月，冬季隊8至9月成立。每隊6至10人（青年佔三分之二最適當），因鄉下教會食宿及交通接送較容易。
2. 隊員：十七歲以上重生得救，有宣教負擔之青年及成年基督徒。可於半年前開始在週報或網站上做徵募短宣勇士之廣告。如有低於十七歲的青少年想參加，應有其父母陪同。
3. 指定籌備組聯絡人，報名時即應填妥報名表繳交以掌握資料。
4. 經費預估：教材、集訓、在台食宿、交通費等，每週約100美元，另返台來回機票（自行籌募或各教會酌予補助）。

四、整備聯繫

1. 參加隊員及台宣同工每週定時舉行禱告會，並做各項事工計畫、討論。
2. 隨時將短宣隊籌備、組訓經過、隊員名單（年齡、恩賜、負擔）傳給前往宣道之教會，彼此代禱。
3. 請對方教會也將其協調計畫、一週活動時間表、學生報名人數或名單傳回（以四至六年級小學生及國中生為營會對象）彼此

代禱。若有重要事宜,隨時越洋電話或電郵與對方牧師聯絡。

4. 如對宣教工場不熟悉,聯絡人最好能於三個月前或營會前一週先行返台接洽有關食、宿、營會細節等事宜。

5. 每人必須繳交一篇三分鐘「信主得救見證」及「基要真理」簡述,並輪流上台見證、操練。

6. 短宣隊員行前三個月要努力操練體能,才能勝任繁重任務。短宣隊需預備簡單的醫藥包,以應急需。

五、行前訓練

1. 在出發前應妥為選定短宣隊之成人或青年領隊,掌握各項籌備細節,並對參與隊員實施密集、嚴謹之短宣訓練。

2. 可協調各教會負責基督徒教育之長執,每年固定編排有關「宣教事工訓練」之主日學課程。

3. 訓練課程

　　(1) 宣道理念　　(7) 基要真理

　　(2) 個人談道　　(8) 民間宗教

　　(3) 團隊事奉　　(9) 教學技巧

　　(4) 探訪協談　　(10) 禱告操練

　　(5) 屬靈爭戰　　(11) 短宣注意事項及生活守則

　　(6) 醫病趕鬼

4. 青年英文教學教材編寫參考

　　(1) 五天教學內容:a.神創造的愛、b.人的罪、c.耶穌救恩、d.你需要耶穌／呼召決志、e.教會生活。

　　(2) 冬季短宣:講聖誕節的由來,或介紹美國四大節期(復活節、

母親節、感恩節、聖誕節），再導入福音。
(3) 參考「真善美講座」，或自行編寫品格教育之教材。
(4) 其他：短劇、美勞、遊戲或詩歌。

六、差遣典禮

出發前，由牧師、長老在主日聚會中召集所有短宣隊員舉行差遣禮。

七、現地集訓

1. 營會前有三天在台灣集中訓練，讓各地加入之短宣隊員彼此適應、促進團隊精神、調整時差、了解宣道工場、研討教學策略。
2. 營會前一天即進駐宣道工場，與地主教會同工彼此認識，研究每日作息時間、探訪分配表、或繞城禱告。

八、短宣代禱

1. 每位隊員出發前要請20位有負擔的代禱勇士簽署，願每天為你的宣教行程、爭戰禱告。
2. 營會期間，短宣隊書記須每天填寫宣教日記，並傳回母會，請禱告網、全教會共同為短宣隊每日行程及宣教對向代禱。

九、結束檢討

短宣結束後，召集全體隊員、宣道委員舉行檢討會，並做財務結算、決志名單之跟蹤輔導、短宣優缺點、照片資料處理等。

十、見證分享

教會應安排一次短宣見證主日,播放剪輯短片、隊員宣道心得分享,牧師短講並呼召、挑旺其他會友投入宣教禾場,遵行主的大使命。

結論

主對保羅說:「我差你到他們那裡去,要叫他們的眼睛得開,從黑暗中歸向光明,從撒但權下歸向神。」(使徒行傳二十六章18節)讓我們同心宣揚福音,往「為主圖謀大事、搶救百萬靈魂」的異象邁進。

2.基要真理

■ 愛恩台福基督教會　莊澤豐牧師

一、神的計畫——平安和生命

神愛你，並期待你完整地經歷祂，惟有祂才能給你平安和生命。

聖經說：「神愛世人，甚至將祂的獨生子賜給他們，叫一切信祂的，不致滅亡，反得永生。」（約翰福音三章16節）

二、人的問題——罪

我們不能自動與神和好，因為人的本性是與神隔絕的。

聖經說：「因為世人都犯了罪，虧缺了神的榮耀。」（羅馬書三章23節）

又說：「因為罪的工價乃是死；惟有神的恩賜，在我們的主基督耶穌裡，乃是永生。」（羅馬書六章23節）

三、神的救贖——十字架

耶穌基督是神為人的罪所預備的惟一救法。耶穌基督死在十字架上且從墳墓裡復活，為我們的罪受了刑罰。藉著祂，你可以完整地經歷神的愛和祂對你的計畫。

聖經裡耶穌基督說：「我就是道路、真理、生命；若不藉著我，沒有人能到父那裡去。」（約翰福音十四章6節）

四、人的回應──接受耶穌基督

人可以對神的愛做出回應，藉著信靠耶穌基督及接受祂作個人救主，便可以來到神面前。

聖經說：「凡接待祂的，就是信祂名的人，祂就賜他們權柄作神的兒女。」（約翰福音一章12節）

你已面對的邀請是：

悔改（從罪中回轉），靠著信心讓耶穌基督進入你的心和生命，並順服地跟隨祂，使祂成為你生命的主。

禱告的內容：

「神啊，我知道我是個罪人，我現在悔改，要從罪中回轉，我相信耶穌基督為我的罪受死，從墳墓中復活，並且永遠活著。我願意打開我的心門，接受耶穌基督作我的救主，我要跟隨祂，使祂成為我生命的主，感謝祢的救贖。阿們。」

3.簡易個人佈道操作

■ 愛恩台福基督教會　孫純菊

一、個人佈道的原則

1. 先向神提到「人」(提名禱告)。
2. 再向「人」傳講神。
3. 找「人」傳道。
4. 態度：「只要心裡尊主基督為聖。有人問你們心中盼望的緣由，就要常作準備，以溫柔、敬畏的心回答各人。」(彼前書三章15節)
5. 準備「個人得救見證」一篇（500字，講3分鐘）。
6. 準備「福音基要真理」一篇（500字，講3分鐘）參考下列「福音的本質」。

二、如何準備說出自己的見證→三個重點

1. 未得救前你是個怎麼樣的人？例如：你的性格→暴躁、怨恨、自私；你的習慣→好賭、吸菸、罵人；你的人生觀→生活沒有意義。
2. 你是怎麼得救的？述說經過要簡明有力，不囉嗦。指出己罪，如何悔改，為神赦免、接納。
3. 得救之後：說出倚靠神的大能，對自己性格、習慣、人生觀的改變。

三、個人佈道工具

1. 316佈道法（台中思恩堂小組長手冊）：適用於一般人。
2. 《福音橋》（全本彩色圖樣，台灣聖經公會）：適用於不識字的人及基層的百姓。
3. 屬靈四定律（華語、台語、英文，中國學園傳道會）：適用於學生及知識分子。
4. 民俗福音七小冊子（葉明翰牧師著）：如何從台灣民俗切入福音。

《316佈道法》示範

（台中思恩堂小組長手冊，由香港牧鄰教會恩臨堂編製提供）

（最簡易的個人佈道法，只要一枝筆、一張紙）

（圖一）

一、「盜賊來，無非要偷竊，殺害，毀壞；我來了，是要叫羊（或譯：人）得生命，並且得的更豐盛。」（約翰福音十章10節）

神創造了我們，是要叫我們與祂建立關係、互相往來，享受祂豐盛的生命。

神造我們給我們有自主權，我們可以選擇祂，並與祂建立關係，享受祂的豐盛。

但人究竟選擇了什麼？

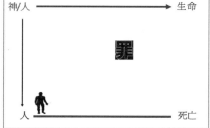

（圖二）

二、「我們都如羊走迷；各人偏行己路；耶和華使我們眾人的罪孽都歸在祂身上。」（以賽亞書五十三章6節）

人選擇做自己喜歡做的事，人偏行己路不順從神的路，聖經說這就是「罪」。

從此人與神的關係隔絕了，人就失去神為他所預備豐盛的生命，而要面對死亡。

究竟怎樣可解決罪的問題呢？

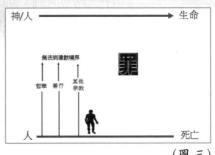

（圖三）

三、「你們得救是本乎恩、也因著信，這並不是出於自己，乃是神所賜的，也不是出於行為，免得有人自誇。」（以弗所書二章8〜9節）

其實人很想回到神那裡去得回豐盛的生命。

有人說：「只要我盡力行善，就可以去到神那裡。」

也有人說：「各種宗教都能帶人去到神那裡。」

更有人說：「神在教會裡，只要我去上教堂就可以去神那裡。」

但聖經卻說：「人靠著自己，永遠無法回到神那裡去！」

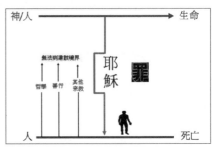

（圖四）

我們是否就因此絕望呢？

四、「人子來，為要尋找拯救失喪的人。」（路加福音十九

章10節）

「祂被掛在木頭上親身擔當了我們的罪,使我們既然在罪上死,就得以在義上活,因祂受的鞭傷,你們便得了醫治。」(彼得前書二章24節)

不是!神為我們預備了一個方法:藉著祂的兒子耶穌降世為人。主耶穌的生命是完全的,並沒有罪,所以祂死在十字架上,便能擔當我們的罪。耶穌成為惟一的橋樑,叫我們可以回到神那裡去。

五、「神愛世人,甚至將祂的獨生子賜給他們,叫一切信祂的,不致滅亡,反得永生。」(約翰福音三章16節)

(圖五)

其實,聖經中的約翰福音三章16節就包括了我們以上所說的一切,並且也指出我們如何藉著耶穌基督可以回到神那裡去。

(請一起讀一遍約翰福音三章16節,看看你(對方)是否能從當中找到答案?)

人回到那裡去,必須要……信耶穌。

什麼叫做「信耶穌」呢?

「信耶穌」就等於我們接受祂作我們的救主和生命的主,讓祂管理我們的一生。我們必須親自接受耶穌基督作救主和生命的主,這樣我們才能回到神那裡去,重獲豐盛的生命。你是否願意接受主耶穌,

得著這豐盛的生命呢？

（若對方願意相信，請帶領作以下的禱告：）

「親愛的主耶穌：

　　我需要祢。感謝祢為我的罪死在十字架上。我願意打開心門，接受祢作我的救主和生命的主。感謝祢赦免我的罪並賜給我永生，求祢管理我的一生，使我能回到祢那裡去享受祢為我預備豐盛的生命，使我成為合祢心意的人。

奉主耶穌的名禱告，阿們。」

福音天軍降寶島

250

4. 如何藉探訪做福音事工

■ 台福基督教會總會總幹事　陳敏欽牧師

一、對象
1.新同學　2.新朋友　3.附近朋友　4.靈性退步者
5.有病或遭意外者

二、目的
1.增進友誼　2.傳揚福音　3.查經增長　4.造就別人　5.事奉主

三、分工
1.以教會為中心，分開若干區。
2.每區有一負責人帶領和安排探訪工作。
3.負責人注意區內人事，弟兄姊妹供應消息。
4.用卡片記錄區內人名，最好做兩份。
5.每次聚會有人用卡片記錄新朋友姓名、地址，再將地址分發給區負責人，由負責人安排探訪。
6.新朋友參加聚會後，需在一、二星期內前去探訪。
7.探訪後，需在卡片後用幾句話說明探訪日期、探訪者之目的性質和結果。

8.按時探訪。

四、探訪者

1.有負擔、有經驗的弟兄姊妹作帶領。

2.每一肢體都有責任去探訪。

3.有經驗的帶領缺乏經驗的。

4.弟兄和弟兄、姊妹和姊妹一同出去,或三位弟兄一同出去,以夫婦二人最為理想。

5.單是弟兄,就不要探訪姊妹;單是姊妹,也不要探訪弟兄。

五、準備

1.獨自先禱告。

2.先與被探訪者電話聯絡,認識對方。

3.福音的內容簡單而清楚易明。

4.救恩的見證。

5.生活的見證。

6.經文分享。

7.聖經或福音單張或小冊子。

8.自我準備:a.服裝　b.除去體臭　c.除去口氣。

9.同心禱告。

六、過程

1.到達目的地,作個短禱告。

2.按門鈴(不要按鈴太久,拍門不要太重)。

3.寒暄之後，盡速進入正題（最好能在十分鐘之內）。

4.把握對方的興趣和可利用的話，藉此一步一步引進福音。

5.如對方不願意談福音，談論其他事情太多或自己不知如何入手，則可客氣地請對方讓自己用10分至15分鐘簡單說明自己所信之福音。

6.內容都要簡單清楚。

7.最後可請問對方的感受。

8.如對方有問題，只可解答，不可辯論。

9.如發現對方有聖靈之工作或有追求或渴慕，可稍多談一點，若對方沒有聖靈之工作，或不感興趣，應盡早結束。

10.讓神先工作，我們行在神之後。

11.盡可能讓對方有決志禱告的機會。

12.走前留福音單張，以及查經班、小組或團契資料。

13.走後仍要禱告，感謝和交託主。

14.盡心為主，傳福音的工作永不會失敗的。

七、不

1.不帶大聖經（除非沒有小聖經，或者對象是老年人）。

2.不搬弄是非，傳播不造就人的事情。

3.不做不合乎聖徒體統的談話或笑話。

4.不批評。

5.不要辯論（解釋是可以，總要避免進入爭論）。

6.不追問人的私事（多說請問）。

7.不進入其他房間（除非主人主動邀請）。

8.不偏袒一邊（如有家庭問題，最好請傳道人或有經驗之弟兄姊妹

幫忙)。

9. 不傳播所談之事，要保密。

10. 不談政治。

11. 不用其中有人不懂之言語（除非真有需要）。

12. 不靠自己的能力和智慧。

13. 不要停留太久。

14. 不單向一方說話。

5.探訪與關懷的要訣

■ 台灣貴格會海山教會　鄭新教牧師

　　探訪關懷與個人談道是一門學問，也是人生的藝術；是愛心的行動，更是教會增長要素之一，你想經歷為主得人的喜悅嗎？

一、探訪的起源

1. 舊約第一個探訪關懷，是耶和華神探訪犯罪後躲起來的亞當夏娃——主動給他們教訓、寬恕、皮衣（參考創世記三章8～10節）。
2. 新約是耶穌探訪西門岳母——傾聽、安慰、手扶、醫治（參考馬可福音一章31節）。
3. 四人抬癱子——同心、愛心、信心、智慧、膽識（參考馬可福音二章3～5節）。

二、探訪的目的

1. 把愛、溫暖帶給人（參考羅馬書十二章9～14節）。
2. 把主的救恩傳給人（參考提摩太後書四章2節；彼得前書三章15節）。
3. 扶助信心軟弱的人（參考彼得前書五章7～10節）。
4. 解開人的信仰疑慮（參考提摩太前書一章15、16節）。
5. 鼓勵人更加倚靠主（參考哥林多前書十五章58節）。
6. 傾聽困苦人的心聲（參考羅馬書十二章15、16節；哥林多後書一章

4節)。

7.設法解決人的問題(參考腓立比書二章4、5節)。

8.醫治創傷者的心靈(參考以賽亞書五十三章4、5節)。

9.化解肢體間的心結(參考歌羅西書三章12～15節)。

三、探訪的原則

1. 誠懇問安建立友誼(參考路加福音十章5、6節;路加福音一章26、28、40、41節)。

2. 祈禱靠聖靈的能力(參考撒迦利亞書四章6節)。

3. 聖經話語有力應用(參考路加福音一章37節;約翰福音六章63節;提摩太後書三章16節;詩篇一一九篇105節)。

4. 請人來看神的羔羊(參考約翰福音三章16節;約翰福音一章41、42、45節;馬可福音五章19節)。

5. 婉轉和切入的方法(參考歌羅西書四章6節;約翰福音四章28～30節)。

6. 實踐行為的感佩力(參考馬太福音五章16、20節)。

7. 應避免爭辯和獨言(參考雅各書四章1節;箴言十八章6節,二十五章11節;彼得前書三章15節)。

四、探訪的訓練

1. 領受神的話——

    a.有智慧(參考箴言九章10節;雅各書三章17節)。

    b.能指引(參考詩篇二十五篇4、5、12節)。

    c.生信心(參考羅馬書十章17節;提摩太前書一章5節;提摩太

後書三章15節)。

2.**學習基督的心**──

 a.順服的心（參考腓立比書二章8節；傳道書五章29節）。

 b.仁愛的心（參考馬太福音五章44節，六章14、15節）。

 c.接納的心（參考羅馬書十四章1節，十五章7節）。

 d.受教的心（參考箴言六章20、21節，十五章33節；彼得前書二章2節）。

五、傾聽與回應

1.**良好傾聽要領**──

 a.默禱靠主（參考尼希米記二章4節）。

 b.專注重視（參考使徒行傳三章4～6節）。

 c.態度柔和（參考彼得前書三章15節）。

 d.積極喜樂（參考尼希米記八章10節；腓立比書四章4節；帖撒羅尼迦前書五章16～18節）。

 e.從容勿躁（參考箴言二十一章5、29節，二十九章20節；提摩太前書五章22節）。

 f.替人設想（參考提摩太前書五章1、2節）。

 g.不要插嘴（參考箴言十八章13節）。

 h.聽出含意（參考哥林多前書二章10～15節）。

 i.理解認同（參考腓立比書一章8節）。

2.良好回應要領──

　　a.倚靠聖靈（參考撒迦利亞書四章6節）。

　　b.勿下斷語（參考箴言十五章28節；歌羅西書四章6節）。

　　c.切勿爭辯（參考提摩太後書二章14、23節）。

　　d.詢問了解（參考約翰一書35、39節）。

　　e.同情安慰（參考馬可福音六章34節；約翰福音八章3～11節）。

　　f.引用聖經（參考詩篇十九篇7～10節；希伯來書四章12節）。

　　g.話語積極（參考馬可福音五章34節，九章23節，十章27節；以弗所書四章29節）。

　　h.見證鼓勵（參考希伯來書十二章1節）。

　　i.吟唱詩歌（參考以弗所書五章19節）。

　　j.帶領禱告（參考以弗所書六章18、19節）。

六、關懷者特性

1.僕人（參考腓立比書二章6、8節；馬可福音十章45節）。

2.勇敢（參考腓立比書一章20節；提摩太後書一章7節）。

3.喜樂（參考約翰福音十五章11節；腓立比書四章4節）。

4.甘甜（參考馬太福音十一章29節）。

5.敏銳（參考哥林多前書二章10、14、15節）。

6.真誠（參考箴言十六章28節）。

7.順服（參考希伯來書五章8節）。

七、七勿與七當

1.探訪的七勿——

    a.勿談論世俗事物（參考提摩太前書四章7節）。

    b.勿文不對題談論（參考約翰福音四章19～24節）。

    c.勿辯論自以為是（參考提摩太前書六章3～4節）。

    d.勿只講自己的話（參考箴言二十九章20節）。

    e.勿論斷他人是非（參考馬太福音七章1～3節）。

    f.勿造成對方負擔（參考馬太福音十一章28、30節；路加福音十一章46節）。

    g.勿忘為對方禱告（參考雅各書五章16節）。

2.探訪的七當——

    a.當祈禱倚靠聖靈（參考撒迦利亞書四章6節；約翰福音十四章26節；哥林多前書二章13節）。

    b.當誠懇自重有禮（參考提摩太前書四章12節）。

    c.當說造就的好話（參考以弗所書四章29節）。

    d.當營造喜樂氣氛（參考腓立比書四章4節；帖撒羅尼迦前書五章16、18節）。

    e.當隨時引用經文（參考詩篇一一九篇105、130節，十九篇7、10節；希伯來書四章12節）。

    f.當體會對方感受（參考歌羅西書四章6節）。

    g.當見證分享鼓勵（參考歌羅西書三章16節；腓立比書二章1、2節）。

八、探訪十要

1. 要有愛人的熱誠。
2. 要尋求主的心意。
3. 要靠聖靈的引導。
4. 要傾聽人的心聲。
5. 要敏銳人的反應。
6. 要讀適當的經文。
7. 要見證神的大能。
8. 要挑旺人的信心。
9. 要傳講主的救恩。
10. 要誠懇帶領禱告。

（參考：《巴拿巴的服事》，鄭新教、李雀美編著，天恩出版，2007。）

6a. 品格美語營教材
愛恩台福基督教會2005年暑期台灣短宣

EFCI 2005 SUMMER TAIWAN MISSION

Teaching materials for 4th Grade to Jr. High
教材適用對象：國小四年級至初中
Central Theme: from American culture see Christian faith
中心主題：從美國文化看基督信仰

Day 1 / Monday 第一天

Holiday:Independence Day （a short film presentation介紹美國：美國國慶短片）

Introduction: By studying history through historical evidence and physical evidence we can see how the country of America was born on Independence Day. In the same way we can see how God has created the universe by looking at the earth （mountains, lakes, etc.） and the heavens （sun, moon, stars, etc.）."The heavens declare the glory of God; the skies proclaim the work of His hands. - Psalm 19:1."

"For since the creation of the world God's invisible qualities--his eternal power and divine nature--have been clearly seen, being understood from what has been made, so that men are without excuse." -Romans 1:20.

Theme: Almighty 主題:大能的神

Verse: "This is the day the Lord has made; let us rejoice and be glade in it." (Psalm 118: 24)

1. **Gathering Time:** Lion King Opening and Worship (need large posters)

2. **Demonstration** - This demonstration is to show that even when we can't see or hear or touch, etc., the creator's still there.
   - Perfume in a bag:spray it around the room,
   - have people reach into bag to touch perfume bottle.
   - Ex. Wind, love

3. **Bible Story: Creation** (Genesis 1-2:9)
   - Focus on God's sovereignty and His power
   - God shows His love through all the things He made for us
   - He made all things. He made you. He loves you just as you are.

4. **Sharing: God's creation of Nature** (Grand Canyon, Nigeria Falls) **vs. Man-Made** (California Disneyland)
   - Power of everlasting created nature vs. man-made things
   - There's power in God's Word; He created the universe by speaking.
   - He created the universe with careful planning, there's an order to God's creation, etc.

5. **Game Activities:** Animal vocabulary (need word search worksheets)

*Vocabulary: never, seen, agree, gaze, fly, buddy, top, world, mean, tell, and animals

Notes:
- Use famous location to proclaim God's might.
- Song: "That is the Day"

Day 2 / Tuesday 第二天

Holiday: Christmas（a short film presentation）
介紹美國：聖誕節短片

Introduction: During the Christmas season, Americans celebrate Santa Claus, a jolly old man who gives gifts to all. We forget the true meaning of Christmas, when God the Father sent his Son out of love as a gift to mankind. That is the greatest gift of all.

"For God so loved the world that He gave His only Son that whoever believes in Him shall not perish but have eternal life." - John 3:16.

"Today in the town of David a Savior has been born to you. He is Christ the Lord." -Luke 2:11

Theme: Love-- The greatest gift of all.

Verses: "For God so loved the world that He gave His only Son that whoever believes in Him shall not perish but have eternal life." - John 3:16.

"Glory to God in the highest, and on earth peace to men on whom his favor rests." -Luke 2:14

Theme: love 主題：愛

1. Gathering Time: Santa Claus Skit（break into classes after skit）（Need prop preparation）一個聖誕深夜

2. *Worship songs: "God is Love（神是愛）", "Deep & Wide", "For God So Loved the World"

3. Conversation:

    Peter: What is your plan for Christmas?

    John: I am going back home to visit my family. I haven't seen them for a while. What is your plan?

    Peter: I am going to a Christmas celebration at my church. They will sing a lot of Christmas carols.

    John: Sounds great.

4. Bible Story:
    - The Fall of Adam and Eve（Gen 2:15-23, 3:1-12, 3:20-24）
    - Birth of Jesus Christ（Luke 1:26-38, 2:1-20, Matt 2）
        ✓ Free will
        ✓ Offering the most precious gift to Jesus, meaning of Christmas

5. Sharing:
    - What is Christmas all about?
    - What is this Agape love?
    - How do you show love to one another?

6. Holiday Culture sharing:（need pictures?）
    - Share what we do here for Christmas, e.g. family gathering, preparing gifts...

7. Conversation practice

    *Vocabulary: plan, visit, seen, awhile, Christmas carols, great, manger, wise, offer, shepherd, ...

8. Craft or Game:

9. Activities（optional）: Caring notes for someone you are less familiar with, showing love towards strangers, love the unlovable.

Day 3／Wednesday第三天

Holiday: Easter（a short film presentation）介紹美國：復活節短片

Introduction: During Easter we celebrate new life. Families get together to have a big Easter Sunday dinner, and decorate eggs by painting them and then hide them for children to hunt as a game. These eggs symbolize a new life in springtime. As an egg develops into a chicken, a new creation is made. Through Christ's resurrection we have been transformed from an old life of sin to a new life in Christ.

"The angel said to the woman, 'Do not be afraid, for I know that you are looking for Jesus, who was crucified. He is not here; he has risen.'" -Matt 28: 5-6.

Theme: Faith and Salvation 主題：信心和救恩

Verse: "Now faith is being sure of what we hope for and certain of what we do not see."（Hebrews 11:1）

Or "Your Faith has saved you; go in peace."（Luke 7:50b）

1. **Gathering Time:**

    *Worship songs:"Deep Deep"(雲上太陽)"He Knows My Name"

2. **Redeemer skit**(Break into classrooms after skit)

3. **Bible Story:** Jesus' crucifixion and resurrection

    ・Last Supper(John 13:18-30)at the Garden:(John 18:1-11)

    ・Crucifixion(Luke 23:13-49)

    ・Resurrection(Luke 24)

    ✓ Substitution of Christ's death over sin→ Jesus willingly died on the cross, shed His blood, endured punishment, and gave His life for your sin.

    ✓ Salvation through the cross, receiving through FAITH

    ✓ Christ rose again on the third day according to God's promises(I Corinthians 15:3-8; I John 4:2-3)

    *Vocabulary: redeemer, alive, peace, joy, promises, be with you, etc.

4. **Song Sharing:**"He Knows My Name"

5. **Conversation:** Easter always gives people a chance to embark on a new life

    Fanny: Rise and shine, Michael!

    Michael:(looking at the alarm clock)7:00? Oh, my. Can't I sleep more on Sunday?

    Fanny: Sorry, but not on Easter Sunday! It's the day that celebrates the rebirth of Jesus Christ.

    Michael: I know, but it is still early, and I am still sleepy.

Fanny: Remember what oversleeping did to you last Easter?

Michael: How can I ever forget? I missed all the interesting activities, and what's worse, I did not have a single bite of any Easter eggs or sweets.

Fanny: That's when you decided to make it a habit to keep early hours but it seems to me that you are but a flash in the pan.

Michael: Well, don't be so hard on me. And, you know, Easter always gives people a chance to embark on a new life.

Fanny: Whatever, let's get busy.

(from:Christian tribune #2265)

6. **Game Activity:** Egg Hunting

"Your word is a lamp to my feet and a light for my path."(Psalm 119:105)

- Break classes into groups (prepare one basket set per group)
- Have each word break down hidden in eggs; replace some words with pictures (lamp, feet, light, path, word)
- Write this verse on the board, compete which group put the verse together in the shortest time.

Day 4 / Thursday第四天

Holiday: Thanksgiving's Day (a short film presentation) 介紹美國：感恩節短片

Introduction: In 1620, about 100 families of Pilgrims endured much hardship as they sailed across the vast Atlantic Ocean to an unknown world.

They faced perilous seas, hunger, and disease. As they tried to survive in this new world, their farming techniques were unsuccessful, and they faced starvation for the winter. The local Indians were gracious, sharing their hunting and farming techniques with the Pilgrims. That fall, they gathered to celebrate, in thanksgiving of all the blessings they had received, with a feast of turkey, harvest, and new friends.

Even though not every day is a happy day and not every thing goes well, we still try to "give thanks in all circumstances." During the month of Thanksgiving, November, it comes to us naturally that there are many things for which we can thank God.

Theme / 主題： Thanksgiving 感恩

Verse: "Praise the Lord, O my soul, and forget not all his benefits..." -Psalm 103:2

"Give thanks in all circumstance." (I Thess.5:18)

1. Gathering:

    *Worship Songs: "Jesus Loves Me", "Heaven is in my Heart" (天堂在我心)

2. Bible Story:

    ・Prodigal Son 浪子回頭 (Luke 15:11-32)

3. Skit:

    Albert: You look preoccupied. What's bothering you?

    Cindy: It's kind of embarrassing to tell you this. I cheated on my history midterm last Friday.

Albert: Did you get caught on the spot?

Cindy: Nope. But I felt guilty afterwards even though I did not get caught red-handed.

Albert: I think your guilty conscience will make you uneasy all the time unless you deal with it now.

Cindy: You are right. I have decided to go to Mr. Brown and confess to my wrongdoing.

Albert: I am glad you are making the right choice before you get yourself into more trouble.

Cindy: Thanks for your encouragement. I hope he will forgive me and give me chance to turn over a new leaf.

(from Christian tribune #2443)

or

Stacy: Are you okay? You look stressed.

Mark: I need to go to Starbucks to meet my friend, but I am lost.

Stacy: This is what you have to do. Walk straight for 3 blocks. Make a left when you see the Elite bookstore. You will see a park. Walk through it, and Starbucks will be on your right hand side around the corner of Seven Eleven.

Mark: Thank you so much. I am so glad I've met you. Do you want to join me for coffee?

Stacy: Not a bad idea. Let's go then.

4. Conversation / 實用英語: Asking for directions / 問路

Notes: Similar as skit, but can cut down the directions so children may remember it.

*Vocabulary: stress, walk through it, corner, blocks, side, forgiven, right, left, ...

5. Game: Getting Directions（Blind Fold）

Note: making connection between sin and Father's unconditional love

- ✓ No matter how others think of us, you are always precious in the Father's eye.
- ✓ He redeemed you at a great cost, even His own life.
- ✓ God is there to show us His love and care, even if we don't deserve it.

No single problem is ever greater than God's care for you. He wants all of you, the complete you.

Day 5 / Friday第五天

THEME: Being Children of Light（Personal Testimony）（be prepared for calling invitation）主題：作光明之子（個人見證，預備呼召）

*（Follow-up day）God wants you to grow in Him through the help of the Holy Spirit.

Verse: "Love the Lord your God with all your heart, and with all your soul, and with all your mind. Love your neighbor as yourself."（Matt 22:37）

1. Gathering Time:

    *Worship songs: "He Knows My Name" "I am a C-H-R-I-S-T-I-A-N"

2. Magic show:

3. Sharing:

    ✓ Relating back to the parable of the prodigal son（Luke 15:11-32）

    ✓ The Father will neither leave you nor forsake you.

    ✓ He's always welcoming us home no matter how far we have gone away. Our Father in Heaven always runs towards us with His open arms.

    ✓ You are SAFE in His arms, so sin no more.

    ✓ Honor our own bodies as God honors us, for His presence lives within us.

    *Vocabulary: never, leave, honor, welcome, safe, Christian...

4. Application: How should we live as a Christian?

    ✓ Be thankful and obedient, love others as God has loved you, etc.

    ✓ Continuous growing and renewal process in Christ→allowing the Light shine through our lives.

5. Craft:* Salvation Bracelet（count enough for each class b4 day starts）

    ✓ Yellow: God's Holiness through His creation

    ✓ Black: Sin

    ✓ Red: Blood of Jesus covers our blemishes

    ✓ White: Christ' power of our Sin, cleanse us completely

    ✓ Blue: Baptism / Publicly acknowledging Christ the Lord

    ✓ Clear: Gift of Holy Spirit to be with us

    ✓ Green: Fellowship; continual growth in the Lord

- ✓ Knots on both ends: God's plan for our Salvation. （You were made with a purpose!）
- ✓ Bracelet Form: Obedience in God and His will in our lives.

福音天軍降寶島

//
6b. 品格美語營教材
愛恩台福基督教會2002年暑期台灣短宣

EFCI 2002 SUMMER TAIWAN MISSION

Teaching materials for grade 1~grade 6

教材適用對象:小學一至六年級

Day1 / Monday 第一天

Theme: GOD （teaching tool-World That God Made）

主題：神

"This is the World God Made." Follow the big book teaching tool- World That God Made

    The Creator of all things

    He made all things, He made you!

    Holy

    Love

    He love you just as you are

Memory Verse:

    Rome 1:20

    "For since the creation of the world God's invisible qualities-his eternal *power and divine nature-have been clearly seen."*

「自從造天地以來,神的永能和神性是明明可知的,雖是眼不能見,但藉著所造之物就可以曉得,叫人無可推諉。」(羅馬書一章20節)

Song

"God is love"(神是愛)

"Down in My Heart", "Head, Shoulders, Knees, and Toes"

Application

How do we respond to Him?

English Lesson

Vocabulary: God, Creator, "God is the creator."

-If possible, teach all kinds of animals and creations.

Craft Time

Poster making- God's Creation

Day2 / Tuesday 第二天

I.Theme: man(Follow the teaching tool-Say I'm Sorry)

主題:人

Sinner by nature and by act -- hating, fighting, fearing, lying. cheating, being mean

Sin is against God and separates us from God

Unable to save himself

God provided "the way"(I. John 1:9)

Memory Verse:

"*For all have sinned, and come short of the glory of God.*"（Romans 3:23）

「因為世人都犯了罪，虧缺了神的榮耀。」（羅馬書三章23節）

Song

"Father Abraham"，"There's A Church"，"I have Peace Like A River"，〈把冷漠變成愛〉

Application

Admit you are a sinner

How do you respond?

‧ Get to know God more

‧ Confess your sins to God and ask for forgiveness

‧ Also ask God to change us; change our behaviors, attitudes, actions.

‧ Love Him back

English Lesson

Follow the teaching tool--Say "I'm sorry."

Vocabulary：Man and Sinner-- for the least

--hating, fighting, fearing, lying, cheating, being mean

Craft-

Glasses making, and heart making.

Day3／Wednesday 第三天

Theme: Jesus（Follow the teaching tools- "Listen and Cheer!"，"Something Wonderful!"）主題：耶穌

God showed His grace, mercy and love in providing salvation through His Son Substitution death of J.C. for sin...Jesus willingly died on the cross, giving His life's blood in punishment for your sin.

The salvation of J.C.

The blessings of this gospel are received through faith in J.C.

The work of J.C.

(Matthew 11:1,4,5; 16:21)

Christ rose again the third day

(Corinthians 15:3-8; John14:2,3)

Memory Verse:

John3: 16

"For God so loved the world that he gave his one and only Son. That whoever believes in him shall not perish but have eternal life. "

「神愛世人,甚至將祂的獨生子賜給他們,叫一切信祂的,不致滅亡,反得永生。」(約翰福音三章16節)

Song

"For God so loved the world" …… (John 3:16)

"Jesus, Jesus",〈尋找〉、〈耶穌愛你〉、〈大山可以挪開〉、〈把冷漠變成愛〉

Application

Believe Jesus died for your sin

Choose Jesus as your Savior

You can thank God that your sin is forgiven

Tell others that Jesus is the only way to heaven

English Lesson

Vocabulary:"Jesus Is My Savior."

Craft Time: Puzzle-"The One Who Was Different" cut and color and puzzle- learn to tell the story to each other.

Day4 / Thursday 第四天

Theme: Receive Jesus as your Savior （Follow Teaching tool- "Jesus Loves Me"）主題：接受耶穌為救主

It is the grace of God provided through the cross of Christ. It is God's solution to man's predicament, it is essentially Jesus Christ himself, who He is and what He has done in accomplishing a reconciliation of sinful man with a holy and loving God.

Memory Verse

John 1:12

"Yet to all who received him, to those who believed in his name, he gave the privilege to become children of God."

「凡接待祂的，就是信祂名的人，祂就賜他們權柄作神的兒女。」（約翰福音一章12節）

Song

〈認識你真好〉、〈有一位神〉、〈讓讚美飛揚〉

Application

Tell others that Jesus is the only way to heaven

Others should see a difference in you because you have Jesus in your heart.

Let Him be in control.

Today is the day to do calling right after Bible Story Time.

(If possible, try to pray for each individual student before class starts.)

English Lesson

Vocabulary: "Jesus, come into my heart."

Craft Time

· Salvation Bracelet Making

Day5 / Friday 第五天

Theme: Be a Christian（Follow Teaching tool-「To Help Others」）
如何作基督徒

God wants you to grow in the Lord Jesus Christ

Read and obey God's word

Pray daily

Tell others about Jesus

Keep your life clean

Spend time with other Christians

Memory Verse:

"Believe in the Lord Jesus, and you will be saved- you and your household."（Acts 16: 31）

「當信主耶穌，你和你一家都必得救。」（使徒行傳十六章31節）

Song

"B I B L E that's the book for me"

"I Am A C-H-R-I-S-T-I-A-N"

"Hallelu, Hallelu"

Application

Praying before eating lunch at school

Obeying your mom

Sharing the Gospel with friends

English Lesson

Vocabulary: "I want to be a Christian."

Craft Time

7. 短宣注意事項及生活守則
Reminders and Rules

■ 愛恩台福基督教會　郭嘉信

1. 服從當地教會牧長及短宣隊長的指揮。

   Follow the instructions and directions of your Team Leader and local Church leaders.

2. 要用愛心對待小朋友，不生氣，不打，不罵。

   Use love to treat each child, do not get mad.

3. 與當地的教會，要相親相愛，有合一的心。

   Stay harmonious and in one heart with the local churches.

4. 與當地的人要建立友誼之情。

   Build friendship and relationship with the local people.

5. 絕對不紛爭，也不加入紛爭。

   Do not get involved in or join the dispute.

   （Disagreements, arguments...）

6.入境隨俗,尊重當地風俗民情。

Respect the local culture. Adopt the local culture as long as it is Biblical.

7.公物要愛惜,不隨意破壞一花、一草、一木。

Treat the community property as carefully as you treat your own.

8.未得允許不得擅入、擅拿或擅用,總要先請問。

Do not enter, take things, or use things without the permission of the authorized personnel.

9.與隊友彼此要相親相愛,彼此尊重,關心代禱。

Respect and love your members, help each other, and most importantly pray for each other.

10.準時按作息表出席所有活動,如果因事或生病必須離開,需先請假。

Attend meetings, and activities according to the pre-arranged schedules. Be sure to excuse yourself in case of sickness and other things that prevent you from attending.

11.養成自己動手好習慣,自己能做就不求人。

Do it your self if you can and do not depend on others. Ask for help only if you cannot do it yourself.

12.不穿暴露式或奇裝異服,不穿拖鞋上課。

Wear appropriate clothes; seek advice from your Team Leader if you are not sure. Do not wear slipper to class.

13. 不玩遊戲機，聽MP3，在電腦上看或做無關短宣的事。

Do not play video games, listen to MP3 or view internet contents not related to short mission.

14. 宿舍清潔（離營前一天）。

Clean up the dormitory（one day before the departure）

8. 台灣宣教基金會緣起

■ 楊宜宜 傳道

　　世界名著《雙城記》描述女主角的愛心像「一條金線」將她的家族及身邊的人穿在一起。同樣地，我感到好似有條「金線」貫串我的一生，直牽引到「台灣宣教基金會」的設立。

　　關於台灣，我外公是台灣第二個律師，也是早年鄭姓宗親會的領袖。他常帶著我及兄弟三人旅遊台灣各地，並介紹鄭成功軍兵屯墾的「王田」，使我們幼小心靈即摯愛台灣這塊美麗的土地。可惜，近日讀到1661年鄭成功來台逐出所有荷蘭宣教士，嚴禁基督教並殺死五千排灣族基督徒（宣教日引1-10-08），頗令我錯愕難過。

　　至於宣教，英籍宣教士戴德生的曾孫戴紹曾宣教士1960年代當高雄聖光書院院長期間，即由高雄鹽埕教會長老及好友的先父楊天和醫師教授台語會話。我來美之前也數度到戴院長家學講英文；念台大外文系期間，並自「友誼之家」（Friendship Corner）美國宣教士Miss Margaret Sells得到英文名字Eileen，一直沿用至今。

生命的轉彎

　　1998是我人生轉折之年。以色列春旅震醒了我懵懂之心，也催促我嚴肅反思自己信仰及身為選民的真義。當體悟到以色列選民兩千年

不忠於神的託付——「把福音傳給萬民」，致令神揀選「新選民」基督徒來取代他們，我遂多次呼籲基督徒趕緊宣教，否則恐落相似下場，因為第二個兩千年又要到。

同年秋天，蒙神呼召修讀神學。在學期間發生台灣921大地震，次年春天，即隨紐約短宣隊去重災區埔里，踏出畢生首次的宣教步履。

1998年底又在差傳年會深受感動。宣教的種子及熱情迅速在心中滋長。偶爾會自問「台灣宣教」在何處？然而畢業即從事神學教育直到2005年。年底即進入美國伯特利神學院美東分院修讀教牧博士。次年春突接前神學院教授張玉明牧師一通電話，期盼我在美東推動「台灣宣教」，並告知第二代青年回台教國小國中生美語一星期，75%的孩子會信主。一方面訝異於聽到「台灣宣教」，二方面訝異於公認硬土難傳的台灣，會有75%的信主率，我感到神正在大開台灣宣教之門，所以一口答應：「我會去。」親睹實況再說吧！

我一連參加2006夏、冬及2007夏三季台灣短宣，看遍沿海四周、中央山地及勞工區，內心感動久久不去。尤其眼看台灣一百五十年來基督徒比例一直偏低，總未能突破3%；而台灣四周國家近來基督徒增長頗速，韓國35%，中國10%，回教國的印尼、阿富汗或伊拉克都有4%，更感愧疚與沈重。

2006年9月首次在紐約長島豐盛生命教會以「美麗孤島的宣教」講題分享「台灣宣教」，講章分送加州林華山醫師及紐約法拉盛第一浸信會關榮根牧師（伯特利美東分院宣教學教授，亦我的屬靈父親兼導師）。關牧師2007年1月24日遇到我就說：「妳何

不設立一個組織去推動『台灣宣教』呢？你的律師女兒可以幫妳去登記！我可以當妳的顧問。」這時神突然開路，許多教會團契紛紛邀我去分享。不少牧師問我：「妳代表什麼組織這麼熱心呢？」

1月底加州愛恩台福教會的張玉明牧師、莊澤豐牧師及林華山醫師討論後說：「妳應該在美東自己設立一個組織去推動。我們會繼續當妳的夥伴。」2月28日賓州來的伯特利神學院美東分院院長Dr. Douglas W. Fombelle 聽完分享說：「如果妳設立『台灣宣教』的組織，把我列入妳的顧問團。」

設立「台灣宣教基金會」

3月3日紐約大雪紛飛，先生出差亞洲，我首次安靜認真地回想這短短一個半月，為什麼三地五人會同樣說「妳設立『台灣宣教』的組織」？但組織怎麼設？如果不理它，萬一這是神透過他們要向我說話，那就糟了。怎麼辦呢？拿起電話找紐約聖教會好朋友林妙英姊妹，告訴她一個半月來的奇事。「宣教怎麼推動阿？尤其『台灣宣教』氣氛不濃的美東。」我突然想到那些必須修讀宣教課及實習的神學生。何不在神學院設『台灣宣教』獎學金「1千元贊助一位神學生組短宣隊去台灣實習」呢？教會方面也鼓勵牧師或召集人組台灣短宣隊，照樣贊助1千元。這樣千元就能支持一隊，那是"One Thousand One Team"！" One Thousand One Team" 也是不錯的口號阿！太好了！太好了！興奮地掛上電話才想到「錢從哪裡來呀？」

恩典超過所求所想！

隔天起，天天尋求主，也不斷和主爭論：「主啊！就算我願意，

如果沒有人沒有錢,那可別怪我啊!不過我承諾一定不會懶惰。」想到一切資源在神手中也就釋然。但要募多少款呢?100萬嗎?想到富豪企業家輕易就以100萬美金設立一個私人基金會,難道我們這一大群基督徒合起來才募集100萬嗎?真會給人笑話我們的神太小了。「神啊,那麼1,000萬好了。」設個千萬美元的「台灣宣教基金會」,用千萬宣教基金,拯救千萬靈魂。如果向30人各募30萬,用1,000萬當永久基金,年孳息5%可得50萬。另外向30人年募1萬可得30萬,再向200人年募1,000可得20萬。這樣每年就有100萬可不斷支持短宣隊及長期宣教士,來達到十年台灣基督徒達10%的異象(得自林華山醫師)。

　　不過凡事得從自己做起。隨即和先生商量把在紐約Forest Hills 區最好地段一個公寓捐出來,市值30～40萬。又近年先生每聖誕節送我1萬元支票也捐出來。我告訴神說,若有五人年捐1萬就去登記。有了具體募款及支持宣教的方案,我開始逢人就談。4月初參加合唱團,趁空檔照樣向左邊的廖萃美姊分享。她說:「我的阿姨有筆錢要奉獻還沒決定對象。」我請她「立刻」幫我約阿姨,惟恐隨時會「飛掉」。四天後的4月9日晚,我在萃美的阿姨鄭清妍姊府上向她家族五人分享。分享完,清妍姊說:「我出1萬。」萃美的母親清愛姊說:「我也1萬。」清妍姊又說:「我再出30萬。」我整個人傻在那裡,不知那是不是真的。清妍姊幽默地說:「妳明天可以開始工作了。」並歡欣地合照一張相片。

　　4月15日先生說他公司Goldman Sachs 替副總裁投資,他還得繳稅,所以願再拿出1萬。哇!四個「1萬」了!奇妙的是次晨長

島的許登龍醫師夫人瑞鳳姊說：「登龍本要給妳5千，但覺這事工實在太重要，決定增為1萬。」

哇！五個「1萬」了，立刻去電女兒Karen律師。律師樓Perlman & Perlman老闆發現Karen媽媽要登記就說：「免費。」哇！多大的恩典！尤其這律師樓是專門代理非營利機構的，只一週在4月24日就登記完成。而我的生日是4月25日。我立刻知道這是神賞賜我的生日禮物。我更謙卑地承認，神自己開始的事，祂必親自成就！真的神旋即又賞賜一位年輕幹練的彭榮仁牧師，恩典確實超過所求所想！

2007年4月25日正式設立「台灣宣教基金會」，不到半年的10月10日接到美國政府捐款免稅許可，認捐者紛紛捐出。2007年底基金會已經撥款2萬元支持兩隊短宣隊、設立神學院的「台灣宣教」獎學金並支持鄉福、基福、工福、客宣、生命線、福音傳播、癌患、傷患並購置墓地供貧困患難的人使用等等宣教及慈善的事工。留學生事工及宣教訓練學校也在規劃中。我們堅信以愛心慷慨撥出，神必再豐富賞賜。畢竟，一切資源都屬於神自己。甚願福音早日遍傳台灣！阿們！

（www.TaiwanMissionFoundation.org,
718-526-0078,Eileen@Taiwanmission.org）

9. 愛恩台福基督教會歷年短宣地點 分佈概況

■ 愛恩台福基督教會　莊澤豐牧師

福音天軍降寶島

	台福教會	鄉福、基福、工福、客福 等教會
2001夏	嘉義嘉南、台南伯特利	彰化田尾、彰化北斗
2001冬		彰化田尾、彰化北斗
2002夏	嘉義嘉南、台北新莊 台中以馬內利	彰化芬園、南投中寮、台中大安 台南新化、屏東恆春
2002冬	台南台福	台南七股、苗栗造橋、苗栗頭屋 嘉義東石、台中大安
2003夏	台南台福、基隆山海觀	宜蘭壯圍、苗栗頭屋
2003冬	基隆山海觀、 台中以馬內利	台中大安、屏東滿州、苗栗頭屋 支援紐西蘭、澳洲隊（苗栗造橋 嘉義東石、宜蘭壯圍、高雄鳥松）
2004夏	基隆山海觀、台南興盛 台南伯特利	台中大安、苗栗頭屋、新竹寶山
2004冬		嘉義蒜頭（兩隊）、苗栗頭屋、桃園中壢
2005夏	嘉義嘉南、基隆山海觀 花蓮台福、台南興盛	新竹峨眉、新竹竹東、新竹寶山 宜蘭壯圍、彰化北斗、台東縣 台東市、台中市、彰化員林

2005秋	基隆山海觀	
2005冬		彰化芬園、宜蘭壯圍、苗栗造橋
2006夏	嘉義嘉南、花蓮台福	新竹峨眉、新竹竹東、新竹寶山 宜蘭壯圍、彰化北斗、台中大安 台東縣、台東市（兩週）
2006秋	愛恩台語詩班38人返台赴14間監獄及企業、教會、安養院、共20場佈道。	台北看守所、台北士林看守所 台北新店戒治所、桃園女監 桃園監獄、基隆監獄、基隆看守所 宜蘭監獄、花蓮監獄、花蓮看守所 台東綠島監獄、台南看守所 台南監獄、台南明德外役監獄
2006冬	台南永康、屏東台福	台中大安、屏東滿州、台中潭子 宜蘭壯圍、嘉義蒜頭、苗栗造橋
2007夏	屏東高樹	台南市、台中豐原、台中大安 屏東滿州、台東縣、台東市 苗栗大西、新竹竹東、台中大甲 台中潭子
2007秋	愛恩台語詩班45人再返台赴17間監獄及教會、軍中共21場佈道	屏東監獄、屏東看守所、高雄監獄 高雄女監、高雄二監、高雄戒治所 台南戒治分監、高雄明陽中學、 六甲軍事監獄、澎湖澎防部國軍 澎湖監獄、嘉義監獄、嘉義看守所 雲林監獄、雲林二監、南投看守所 彰化看守所、桃園女監
2007秋	宣教接力（三個月）	嘉義蒜頭、嘉義灣內

AFC 基督使者協會事工
Ambassadors For Christ

簡介

基督使者協會蒙神呼召，一心朝著為基督贏得這世代的華人知識份子而努力。我們藉著派駐同工、與眾教會及大學教職員配搭，進入校園服事、發行文字資源、並舉辦各樣營會活動，帶領北美及世界各地的華人學生及專業人士歸主，裝備他們作主門徒，並鼓勵他們將信仰融入文化，進而服事基督，成為神國的生力軍。

使用文字的力量，出版及發行基督教簡體／繁體傳福音、護教、靈修、門徒訓練、宣教、單身、家庭等相關文字資源。

- 大陸文字事工
- 使者出版事工
- 使者書房
- 使者雜誌
- 使者通訊

文字事工

基督使者協會

主要事工為：

★ 校園事工
★ 差傳／動員事工
★ 培訓／營會事工
★ 文字／資源事工

差傳事工

透過三年一度的華人差傳大會集結各樣資源，動員北美華人基督徒學生及專業人士成為神國生力軍。

培訓事工

發展一系列培訓教材，於地方教會推廣門徒訓練與釋經講座，提供弟兄姊妹靈命進深的機會。

● 幫助華人家庭依據聖經的教導，建立榮神益人的家庭生活；針對夫妻、年長父母、青少年、及孩童的需要，每年定期舉辦「珍愛一生」婚姻與家庭夏令會。

家庭事工

單身事工

● 幫助單身基督徒與神建立親密的關係，活出為主發光的單身生涯；每年於北美東岸、西岸及中西部舉辦單身成長營，將單身事工的需要傳遞給地方教會。

您可以參與使者的事奉，成為
★全職同工
★兼職同工
★特約同工
★代禱勇士
★財務支持者
★義工

請與我們聯絡

21 Ambassador Dr., Paradise, PA 17562, U.S.A
電話：717-687-8564 / 傳真：717-687-8891
電郵：afc@afcinc.org　或與我們在網上相見：www.afcinc.org

宣教系列

福音天軍降寶島——台灣鄉村宣道傳奇
Heavenly Messengers Descend upon Formosa
—— A Legendary Missions Effort among Rural Taiwan

作　　　者／	台灣長宣／短宣勇士們
編　　　輯／	友尼基
特約編審／	蘇文安
審　　編／	蘇文哲
發　　　行／	愛恩台福基督教會 Evangelical Formosan Church of Irvine
	17422 Armstrong Avenue, Irvine, CA 92614 U.S.A
	電話：（949）261-8007　傳真：（949）261-8166
	電子信箱：Staff@efcirvine.org
	網址：www.efcirvine.org
出　　　版／	基督使者協會 Ambassadors For Christ Inc.
	21 Ambassador drive Paradise, PA, 17562 U.S.A
	電話：（717）687-8564
	傳真：（717）687-6178
	電子信箱：afc@afcinc.org
	網址：http://www.afcinc.org
	訂書免費電話：1-800-624-3504
亞洲總經銷／	天恩出版社
	地址：10455台北市中山區松江路23號10F
	電話：02-2515-3551　傳真：02-2503-5978
	電子信箱：grace@graceph.com
	網址：http://www.graceph.com
	郵政劃撥：10162377天恩出版社

出版日期／二〇〇八年六月初版
ISBN：978-1-882324-61-3
Printed in Taiwan.

・版權所有・請勿翻印・All Rights Reserved